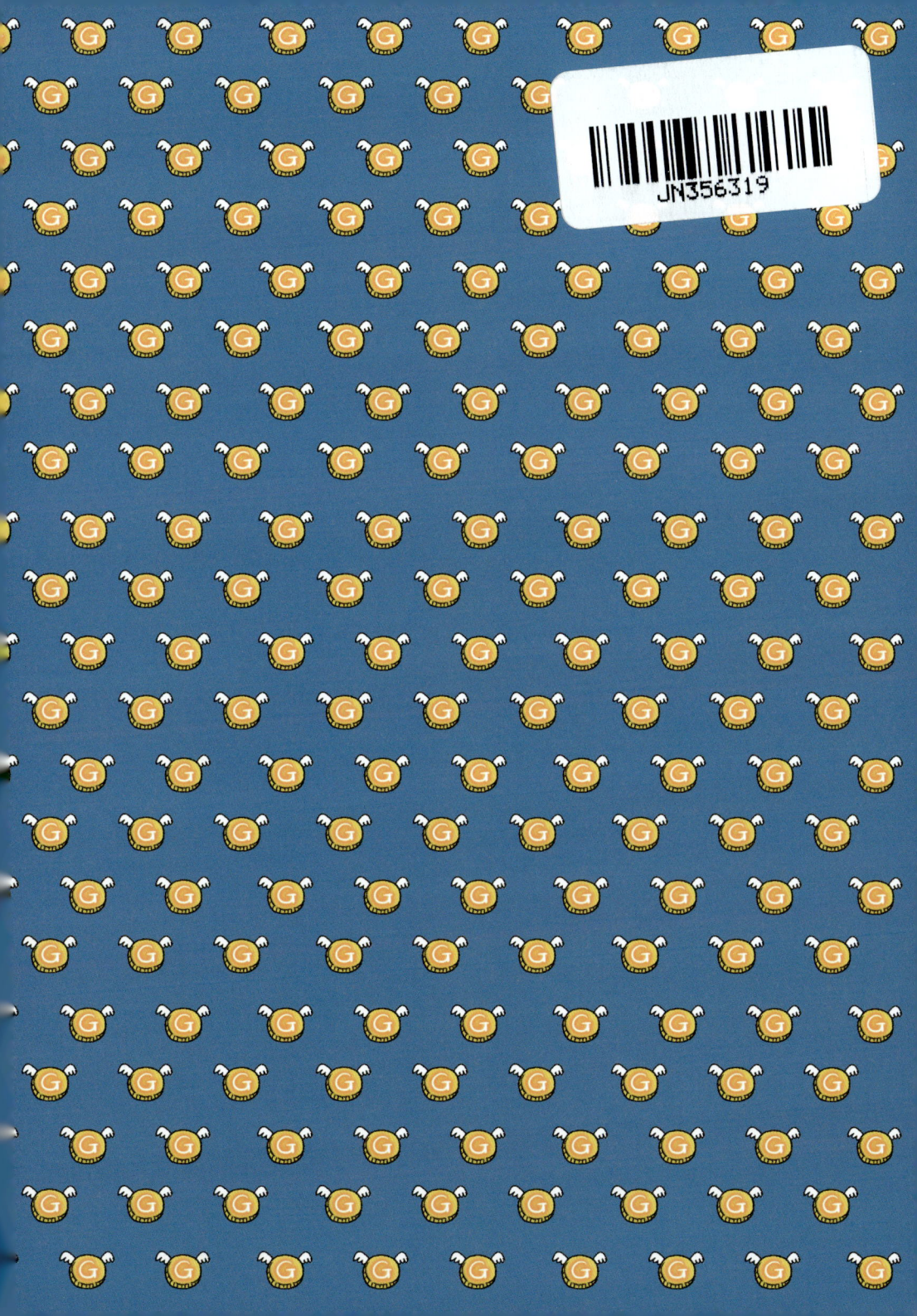

기획 이진우

MBC 라디오 '이진우의 손에 잡히는 경제'의 진행자이자 경제 유튜브 '삼프로 TV'의 부대표를 맡아, 쉴 틈 없이 대중에게 다방면의 경제 이야기를 풀어내고 있습니다. 1999년부터 서울경제신문과 이데일리에서 약 15년간 경제신문 기자로 일했으며, 2010년 한국기자협회가 주는 경제보도부문 한국기자상을 수상했습니다. 알쏭달쏭한 경제를 쉽고 재미있게 전달하기 위해 노력하는 방송인.

글 최설희

어린이 책을 읽고, 이야기하고, 씁니다. 지은 책으로 『조선에서 레벨업』, 『처음 읽는 그리스 로마 신화』, 『조선스타실록』, 『고릴라 올림픽! 우리 윗집이라니!』, 『설민석의 우리 고전 대모험』 등이 있습니다.

그림 지문

대학에서 역사를 공부하며 느낀 세상의 이야기들을 그림을 통로로 다양하게 전하고 있습니다. 현재 ㈜예성크리에이티브 대표, 한국어린이그림책연구회 회원이며, 강남구립 도서관에서 미래의 그림 작가님들과 만나 소통하고 있습니다. 그린 책으로 코딩 동화 『팜』 시리즈와 『우리 아빠가 어때서!』, 『우리는 다양해:생물』, 『뜻밖의 재미난 이야기로 한국사를 만나는 특별한 역사책』, 『플라스틱:안 사고, 다시 쓰고, 돌려 쓰고』 등이 있고, 그린 웹툰은 〈안동 선비의 레시피〉, 〈인이와 공이의 메타버스 여행〉, 〈제가 조선의 운명을 바꿔 보겠습니다〉 등이 있습니다.

어린이를 위한 사회탐구 프로젝트

④
혁신의 꽃, 스타트업

기획 이진우 | 글 최설희 | 그림 지문

아울북

차례

"어린이 경제 이야기"를 펴내며 6

프롤로그_ 몬 원정대로부터 온 소식 15

1장 골드시티의 스타, 지우리 20
　원정대의 **온슝아 토크** 놓치지 않을 거야, 지우리!

2장 넘어져도 다시 일어나는 몬 원정대 40
　게임1 사고력 게임 ○×퍼즐

3장 제온과의 특별한 만남 61
　이기자 리포트 도전 정신으로 무장한 스타트업

4장 실패한 실험의 결과는? ········· 84
- **원정대의 옹송아 토크** 쉿! 우리 정체는 비밀이야!
- **이기자 리포트** 실패가 혁신으로 변하는 순간

5장 회색 도시, 타스로 떠나다! ········· 110
- **이기자 리포트** 새로운 수요를 위한 시장 개척
- **게임2 보물 찾기** 숨겨진 보물을 찾아라!

6장 기업의 성과에 예민한 투자자들 ········· 133
- **이기자 리포트** 기업의 자금을 담당하는 주식

5권 미리보기 ········· 150

"어린이 경제 이야기"를 펴내며...

많은 부모님들이 아이에게 일찍부터 경제 교육을 시키고 싶어 합니다. 왜냐고 물으면 어릴 때부터 경제관념을 제대로 심어 주기 위해서라고 답을 하십니다. 그런데 그 '경제관념'이라는 건 도대체 뭘까요. 우리는 경제관념을 절약 정신이나 재테크 감각과 유사한 개념이라고 오해합니다. 그래서 어린이들의 경제 교육을 용돈을 아껴 쓰라고 강조하거나 은행에 가서 통장을 만들고 저금하는 법을 알려 주는 걸로 시작합니다.

경제는 합리적 선택의 결과물입니다

저의 지인은 아이가 아이스크림을 사 달라고 하면 집 앞 편의점으로 가지 않고 일부러 한참을 가야 하는 아이스크림 할인점까지 아이를 데리고 걸어간다고 합니다. 편의점에서는 천오백 원인 아이스크림을 거기서는 천 원에 파는데, 그걸 아이에게 사 주고 돌아오면서 오백 원이라는 돈을 아끼기 위해 들인 노력을 설명해 준답니다. 왜 그렇게 하느냐고 물으니 아이에게 경제관념을 심어 주기 위해서라고 합니다. 돈의 소중함을 느끼게 하고 돈을 아껴 쓰는 습관을 길러 주는 게 경제관념을 키우는 길이라고 생각한 것 같습니다.

그러나 경제관념이라는 건 그런 게 아닙니다. 적은 돈도 절약하고 저축해야 한다고 가르칠 게 아니라, 아이스크림 할인점에서 천 원에 파는 아이스크림이 왜 편의점에서는 천오백 원에 팔리고 있는지를 설명해 줘야 합니다. 똑같은 아이스크림이 편의점에서 더 비싼 이유를 편의점 주인이 욕심이 많기 때문이라고 설명해서도 안 됩니다. 거래 관계에서는 나쁜 사람과 착한 사람의 구별이 없다는 것, 우리 모두는 예외 없이 욕심을 갖고 있으며 모두 각자의 위치에서 가장 합리적인 선택을 할 뿐이라는 걸 알려 주는 게, 더 중요한 경제 교육입니다.

만약 같은 가격에 아이스크림을 팔면 사람들은 쉽게 접근할 수 있는 편의점으로만 가게 된다는 점, 그래서 할인점은 편의점보다 싸게 팔아야 장사를 할 수 있다는 점을 꼼꼼하게 설명해 주는 게 아이들에게 더 필요한 경제 교육입니다. 아이들은 그런 설명을 들을 때 아이스크림 가격 하나에서도 입체적인 개념을 갖게 됩니다.

경제를 접하는 아이의 경험이 중요한 이유

미국 하버드 대학교의 라즈 체티 교수는 '계층 이동성'에 대해 연구하는 학자입니다. 계층 이동성이란 쉽게 말해 저소득층 가정에서 태어난 아이가 어른이 됐을 때 고소득층으로 편입되는 걸 의미하는데요. 라즈 체티 교수의 연구는 저소득층이 고소득층으로 계층 이동을 하는 데 있어서 중요한 요인들이 무엇인가를 찾아내는 것에 초점이 맞춰져 있습니다.

　흥미로운 연구 결과들이 있습니다. 예를 들면 저소득층 가정에서 태어난 아이들을 두 그룹으로 나눈 다음, 친구의 70% 이상이 부유한 집안의 아이들인 그룹 A와 친구들 역시 대부분 저소득층 출신인 그룹 B를 수십 년간 추적 관찰했더니, 부자 친구가 많았던 그룹 A가 성인이 됐을 때 평균 소득이 B그룹보다 20%가량 더 높았습니다.

　또 다른 연구도 있죠. 미국의 유명한 대학에 다니는 학생들 중 성적이 비슷한 학생들의 부모 소득을 조사해서 소득이 낮은 집 출신 학생들(A)과 소득이 높은 집 출신 학생들(B)로 구분한 뒤 수십 년 후에 두 그룹의 평균 소득을 조사해 봤더니, B그룹의 소득이 훨씬 더 높았습니다. 어린 시절의 경제적 여건에 따라 왜 소득에서 차이가 생기는지 궁금했던 라즈 체티 교수는 A그룹과 B그룹 학생들의 직업을 하나하나 살펴보다가 아주 재미있는 현상을 발견했습니다.
　이 학생들 중 고소득층 출신 학생들(B)은 졸업 후에 컨설팅이나 금융업 등 소위 돈을 잘 버는 업종으로 취업한 반면, 저소득층 출신 학생들(A)은 공무원이나 저널리스트 같은 공적인 영역의 직업을 선택한 경우가 많았던 겁니다. 그러다 보니 소득도 B그룹이 더 높았던 것이죠.
　A그룹 학생들이 유독 공적인 영역으로 더 많이 진출한 이유에 대해서

는 아직 명확하게 밝혀진 바가 없습니다. 저 개인적으로는 A그룹의 학생들이 자라면서 부모와 비슷한 가치관을 갖게 되어, 돈을 좇는 직업보다 공적인 일이 더 가치 있다고 판단했던 게 아닐까 생각합니다. 반면 B그룹의 학생들은 어릴 때부터 돈을 버는 일이 얼마나 의미 있고 재미있는 일인지, 그런 걸 방해하는 규제가 얼마나 부당한 것인지에 대한 이야기를 부모들로부터 간접적으로 자주 전해 들었을 가능성이 크고, 그게 직업을 선택할 때 영향을 줬을 것이라고 추측합니다.

세상을 흑백 논리로 나누지 않게 해 주세요

어느 한쪽으로 치우치지 않고 현실을 그대로 투명하게 이해하는 '경제관념'은 그런 이유로 인생에서 매우 중요합니다. 하루 종일 열심히 일하는 근로자 A보다 두어 시간 일하다 퇴근하는 고용주 B의 월급이 더 많은 건 고용주 B가 사악하거나 비도덕적이어서가 아니라, 근로자 A의 일을 할 다른 후보자들이 많기 때문이라는 걸 아이들도 이해할 수 있게 해 줘야 합니다.

그러지 않으면 월급이 부족하다는 생각이 들 때 잘못된 선택을 하게 됩니다. 부가 가치가 낮은 일 대신 다른 일을 하기 위해 자기 계발을 좀 더 해야겠다고 생각할지, 아니면 욕심 많은 고용주와 싸워서 임금을 올려

야겠다고 생각할지는 그가 갖고 있는 '경제관념'이 결정합니다.

그런 점에서 우리나라의 경제 교육은 매우 수준이 낮거나 엉뚱한 내용으로 가득합니다. 미국에서는 고용주가 근로자에게 어떤 이유로 임금을 지급하는지, 경기와 실업의 관계는 어떠한지를 가르치는데, 우리나라는 용돈을 스스로 벌게 하면서 절약이 왜 중요한지를 강조합니다. 미국은 부채(빚)는 좋은 부채와 나쁜 부채가 있으며 리스크 관리를 잘하면 부채가 자산 증식의 좋은 수단이 될 수 있다고 가르치는 데 반해, 우리나라의 경제 교육은 부채가 피해야 할 나쁜 것이라는 점만 강하게 주입합니다.

세상의 모든 사람들은 예외 없이 이기적이고 자신의 이익을 위해 움직인다는 것을 이해하지 않은 채 세상을 선과 악으로 구분하고 나에게 호의적인 사람과 적대적인 사람, 내 편인 사람과 남의 편인 사람으로 나눠서 보는 건 굉장히 위험한 일입니다. 합리적인 판단을 하는 사람은 나에게 지금 판매하려는 금융 상품의 좋은 점만 나열하는 사람을 의심의 눈으로 봅니다. '왜 저 사람은 자신의 이익보다 내 이익을 더 챙기려고 할까. 나에게만 유리한 거래라는 게 있을 리 없는데.'라고 생각하는 게 올바른 경제관념입니다. 그래야 오히려 속지 않습니다.

그런데 세상을 선과 악, 또는 아군과 적군으로 나누면 '저 사람은 선한 사람이고 우리 편이라서 나에게 좋은 상품을 권하는구나.'라고 생각하고 의심을 거두게 됩니다. 금융 사기 피해는 그런 곳에서 싹틉니다.

일상의 이야기를 통해 경제관념을 배울 수 있기를

　우리가 아이들의 경제 교육을 중요하게 생각하는 이유는 어릴 때부터 경제관념을 심어 주기 위해서이며, 그리고 경제관념이라는 것은 일상에서 벌어지는 모든 일의 합리적인 이유와 배경을 잘 이해하는 지적인 힘을 의미한다고 말씀드렸습니다.

　그런 면에서 아이들이 흥미를 가질 수 있도록 잘 짜여진 재미있는 일상과 그 안에서 벌어지는 다양한 사건들을 담고 있는 『몬말리는 경제 모험』이 아이들의 경제 교육에 도움이 될 것입니다. 주인공들이 인간 세상의 경제 상황을 맞닥뜨리면서 선택해야만 하는 것들의 합리적인 이유와 배경을 이해할 수 있게 해 주세요. 그런 과정을 통해 세상에서 벌어지는 일들을 이해하는 지적인 힘을 조금이라도 기를 수 있게 된다면, 수요 공급의 법칙이나 희소성의 원칙을 설명하는 것보다 훨씬 유익한 경제 교육이 될 수 있을 것이라고 생각합니다.

이진우 ("MBC 손에 잡히는 경제" · "삼프로TV" 진행자)

등장인물

그란발

- **종족** 큰발족
- **좋아하는 것** 포근한 그늘에서 낮잠
- **싫어하는 것** 뜬눈으로 지새우는 밤

힘쓰는 일이라면 정말 자신 있지만, 밤을 새워야 하는 야간 아르바이트는 생각보다 만만치 않다. 에너지 음료를 무심코 마셨다가 심장은 쿵쿵, 손발은 벌벌 떨리는 수난을 겪는다. 하지만 이 경험으로 지우리에게 새로운 아이디어를 제공하게 된다.

지우리

- **종족** 나무족
- **좋아하는 것** 새로운 실험
- **싫어하는 것** 집중력을 흐트리는 모든 것

몬섬에 있는 친구들을 깨우기 위해 부작용이 없는 에너지 음료를 만들기 시작한다. 연구 과정에서 실패작 때문에 잠시 좌절하기도 하지만, 전혀 예상하지 못한 주변의 반응에 어리둥절하면서도 뿌듯함을 느끼게 된다.

깜토

종족 그림자족
좋아하는 것 사람들 앞에서 뽐내기
싫어하는 것 천둥번개

난생처음 스포트라이트를 받아 본 깜토.
낯선 상황이 당황스럽지만 주목받는 것이 왠지 싫지 않다.
자진해서 신제품의 광고 모델까지 맡으며
주체할 수 없는 끼를 발산한다.

비비

종족 날개족
좋아하는 것 친구들과의 협력
싫어하는 것 주저하기, 망설이기

뒤처지는 몬이 생기지 않게, 묵묵히
보조 역할을 다하는 믿음직한 리더.
친구를 위한 일이라면 일단 시작하고 본다.
이번엔 날개에 땀이 나도록 하늘을
많이 날아다녔다는데…

제온

골드시티에서 성공한 스타트업 창업자로, 하루의 존경을 한 몸에 받고 있다. 몬 원정대의 잠재력을 높이 보고 든든한 조력자가 되기로 결심한다. 실패작에서도 장점을 발견해 상품화하는 남다른 안목을 지녔다.

콜로

몬들의 새 사업에 위기가 닥쳤을 때 혜성같이 등장한 투자자. 모험에 대한 해박한 지식은 따라올 자가 없다. 소문에 의하면 메타버스 서버 중에 안 가 본 곳이 없을 정도라는데….

- 지난 이야기 -

사라진 지우리의 흔적을 쫓아 돈스타에 몰래 숨어든 몬 원정대. 돈별 대표와 한판 붙으려는 순간, 지우리와 극적으로 다시 만나면서 오해를 풀게 된다. 이후 연구원으로 채용된 지우리는 돈스타가 오랫동안 숨겨 온 비리를 밝혀내는데……!
돈스타 사건으로 골드시티에서 유명 인사가 된 몬 원정대는 앞으로 또 어떤 모험을 겪게 될까?

몬 원정대로부터 온 소식

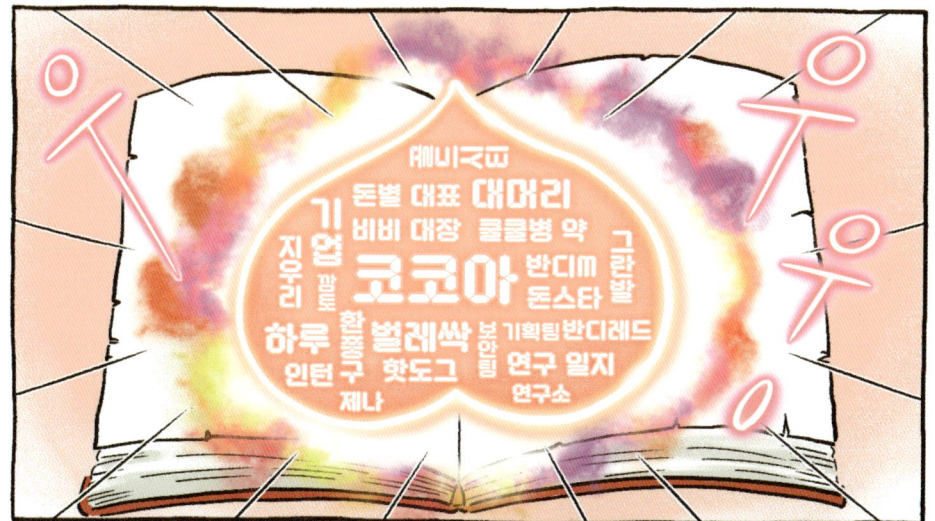

메아리 공책에는 온통 알 수 없는 단어들뿐이었지만, 몬들의 호기심을 자극하기에는 충분했다. 원정대가 새로운 소식을 보내올 때마다 몬들은 한바탕 왁자지껄해졌다.

원정대의 또 다른 소식을 기다리며 노래를 만들어 부르기까지 했다. 솜몬들이 노래를 전하려고 포르르 날아다니며 몬들을 간질이자, 까르르 웃음소리가 몬섬에 울려 퍼졌다.

"으……, 대체 무슨 일이야. 잠을 잘 수가 없네……."

그 바람에 잠들었던 몬들이 하나둘 눈을 뜨기 시작했다. 부스스 일어나 다른 몬들에게 다가가 함께 춤을 추었다.

고요하던 몬섬이 서서히 깨어나고 있었다.

골드시티의 스타, 지우리

 골드시티 호숫가에 있는 몬 원정대의 텐트에서는 해가 중천까지 솟은 뒤에도 코 고는 소리가 진동을 했다. 어제 종일 지우리를 찾아 온 숲을 헤매고, 돈스타에서 긴장되는 하루를 보낸 탓에 몬들이 어느 때보다 지친 상태로 잠들었기 때문이다.
 가장 먼저 눈을 뜬 건 배 속 시계가 알람처럼 울린 그란발이었다.
 "배고파……."
 그란발의 말에 깜토가 몸을 뒤척이며 겨우 대답했다.
 "으으……, 우리 조금만 더 자자……."
 하지만 이미 눈부신 햇살이 텐트 안에 가득 들어찬 터라, 몬들은 하나둘 눈을 뜨기 시작했다.

그때 텐트 밖에서 자박자박 발걸음 소리, 웅성웅성 알 수 없는 소리가 소란스럽게 들려왔다. 몬들의 눈이 휘둥그레졌다.

"혹시 들짐승 아니야? 우릴 공격하려고 기다리는 거면 어떡해!"

"걱정 마. 짐승을 쫓을 수 있는 약초를 찾아 볼게."

지우리가 주섬주섬 배낭 속 약초를 찾는 사이, 그란발이 텐트 문을 열고 밖을 빼꼼히 살폈다. 그런데 무얼 보았는지 그란발은 크게 당황하여 그대로 얼음이 되어 버렸다.

"대체 뭔데 그래?"

비비 대장이 주춤거리는 그란발을 밀치고 나섰다.

텐트 밖에는 수많은 아바타들이 커다란 카메라와 마이크를 들고 모여 있었다.

"이, 이게 다 무슨 일이야……."

그란발은 침을 꿀꺽 삼키며 조심스럽게 텐트 밖으로 나갔다. 곧 나머지 몬들도 따라나섰다.

그러자 약속이라도 한 듯 카메라맨들은 일제히 플래시를 터뜨렸고, 기자들은 몬들을 향해 마이크를 내밀었다.

"지우리 씨, 인터뷰 좀 부탁드립니다!"

"돈스타의 비리는 어떻게 발견하신 겁니까?"

"반디M의 개발 과정에 대해 말씀해 주십시오!"

봇물 터지듯 쏟아지는 질문 세례에 몬들은 정신이 하나도 없었다.

"세상에, 우릴 보려고 이 많은 사람들이 몰려온 거야?"

비비 대장이 기자들을 보며 혀를 내둘렀다.

"그나저나 우리가 있는 데는 대체 어떻게 안 거지……."

눈앞의 상황이 믿기지 않는 건 지우리도 마찬가지였다.

"아악! 눈을 뜰 수가 없어!"

"그란발! 이 반짝이는 벌레들 좀 잡아 봐!"

카메라 플래시를 처음 본 그란발과 깜토는 플래시 불빛이 벌레 같은 것이라고 생각하고는 놀라 도망갔다.

기자들이 계속 지우리를 찾자, 지우리는 어깨를 으쓱하며 한 걸음 앞으로 나갔다. 그러자 기자들이 지우리를 우르르 둘러싸더니 더 빠르게 카메라 플래시를 터뜨리며 연신 질문을 해 댔다. 지우리는 질문에 하나하나 답하느라 몸이 열 개라도 부족할 지경이었다.

기자들은 몬들이 돈스타에 인턴으로 뽑힌 것부터 벌레싹의 부작용을 밝혀낸 과정까지, 모두 속속들이 들은 뒤에야 지우리를 놓아주었다.

"긴 인터뷰에 응해 주셔서 감사합니다. 저희는 다음 취재를 하러 이만……."

기자들이 순식간에 썰물처럼 빠져나갔다. 호숫가는 곧 고요함을 되찾았지만, 몬들은 여전히 얼빠진 얼굴을 하고 있었다.

예상치 못한 상황을 겪느라 녹초가 된 몬들은 한동안 눈만 껌뻑거렸다. 잠시 뒤 정신을 차린 깜토가 기대에 찬 목소리로 말했다.

"지금 우리를 찍은 영상이 곧 G-TV에 올라오겠지? 우리 엄청 유명해지겠는데?"

"에이~, 설마 그러겠어?"

다른 몬들은 그럴 리 없다며 고개를 절레절레 저었다.

그러나 며칠 뒤, 깜토가 한 말은 현실이 되었다. 기자들이 취재한 몬들의 이야기가 골드시티 곳곳에 퍼졌고, 몬들은 어느새 유명 인사가 되었다. 사람들의 반응도 뜨거웠다. 몬들의 인간 친구인 하루와 제나가 한달음에 달려와 이 소식을 몬들에게 알려 주었다.

"우리 얼굴만 이상하게 나왔잖아……."

깜토와 그란발은 영상을 보고 크게 실망했지만, 실망은 오래가지 않았다. 수많은 사람들이 몬들의 이야기에 관심을 갖는 것 자체가 놀랍고 기쁜 일이었으니까.

그 이후에도 몬 원정대가 거대 기업의 비밀을 파헤친 무용담은 골드시티 유저들의 입에서 계속해서 오르내렸다.

"이거 봐, 최애 몬 인기투표가 열렸어."

"인기투표? 그게 뭔데?"

"너희 중에 가장 좋아하는 몬을 고르겠다는 거야."

하루가 몬들 앞으로 나서며 말했다.

"지우리가 초라한 버너 세트와 냄비로 반디M을 만들었다는 거에 감동한 사람들이 많아서 그래. 사람들은 어려움을 이겨 내고 성공하는 이야기를 좋아하거든."

몬들은 하루의 설명을 듣더니, 역시 지우리가 가장 인기 있을 만하다며 고개를 끄덕였다. 그러나 머릿속에 온통 약초 생각뿐인 지우리는 자신의 인기에 도통 관심이 없었다.

제나가 답답하다는 듯 맞받아쳤다.

"기다려 봐. 이제 너를 찾는 아바타들도 많아질걸? 골드시티에서는 유명세를 이용해서 골드를 벌 수도 있거든."

"으악! 지난번 그 기자들처럼 몰려오는 거야?"

제나의 말에 그란발은 질색하며 펄쩍 뛰었다.

"이번엔 지우리처럼 멋있게 찍어 달라고 해야지!"

깜토는 부푼 기대로 눈을 반짝이면서 매무새를 만졌다.

그때 마침 누군가 지우리를 찾는 소리가 들렸다.

 남자가 건넨 명함에는 '골드엔젤파트너스 이사 새로이'라고 쓰여 있었다. 몬들이 명함을 보고도 의미를 알지 못해 멀뚱멀뚱 눈만 굴리고 있자, 남자가 이를 눈치채고 얼른 덧붙여 설명했다.

 "전 이제 막 시작하는 회사를 찾아서 투자하는 일을 하고 있습니다. 그중에서도 특히 기술력이 높은 회사를 좀 더 눈여겨보고 있죠. 투자하기로 결정되면 회사에 부족한 자금을 지원할 뿐만 아니라, 사업에 관한 조언도 해 드린답니다. 어때요? 요즘은 어떤 약을 만들려고 하고 있죠?"

 "우리는 쿨쿨병을 고칠 약을 만들 거예요!"

 깜토의 말에 남자가 고개를 갸웃했다.

 "쿨쿨병이요? 그게 대체 뭔가요?"

"자꾸만 잠에 빠져드는 친구들을 깨울 수 있는 약을 개발하고 있어요."

지우리가 최대한 간략하게 대답했다. 몬섬에 대한 이야기를 자세히 할 수는 없으니까 말이다.

"잠에서 깨어나는 약이라고요? 흠……."

남자는 미간을 찌푸리더니 잠시 생각에 잠겼다. 한참 만에 야 큼큼 하고 헛기침을 하더니 이렇게 말했다.

"여러분은 사업에 필요한 자금을 투자받으니 좋고, 저는 여러분의 사업이 잘되면 이익을 나누니 좋은 거죠! 아까 얘기하신 잠 깨는 약 말고 좀 더 잘 팔릴 만한 상품을 개발하는 건 어떨까요? 골드시티 아바타들에게 꼭 필요한 약 말이에요!"

그 말은 쿨쿨병 약이 꼭 필요한 약이 아니라는 것처럼 들렸다. 몬들은 문득 의아했다. 골드시티에서는 아무 때나 막 잠에 빠져드는 아바타가 없다는 걸까?

"제가 보기에 쿨쿨병인가 골골병인가를 고치는 약은 골드를 많이 벌기 어려워요. 지우리 씨, 다른 신약을 개발할 생각은 정말 없으십니까?"

남자가 억지웃음을 지으며 지우리를 간절하게 쳐다보았지만, 지우리는 어깨를 으쓱할 뿐이었다.

"허허, 그것참!"

남자는 자기 할 말만 하고는 뒤도 돌아보지 않고 쌩하니 가 버렸다. 회의하는 동안 잠시 자리를 피해 있던 하루와 제나가 쪼르르 달려와 결과를 듣더니 무척 아쉬워했다.

"에이, 뭐야. 잘 안 된 거야?"

"지금 지우리 인기도 최고라서 쉽게 투자받을 줄 알았는데……. 투자받아서 사업하면 골드도 잔뜩 벌고 얼마나 좋아."

하루와 제나가 호들갑을 떨었지만, 그란발은 그러거나 말거나 콧김만 씩씩 뿜어 댔다.

"저 사람 왠지 기분이 나빠! 자기가 뭔데 우리한테 이래라저래라야!"

그란발이 발까지 쿵쿵 구르자, 몬들이 매달려 말렸다.

비비 대장은 남자와 나눈 대화를 곰곰이 되짚으며 말했다.

"우리가 하고 싶은 것과 투자자가 원하는 게 달랐어."

그 말에 하루가 고개를 갸웃하며 물었다.

"투자자가 원하는 건 뭐였는데?"

"골드시티에서 잘 팔릴 만한 상품이어야 한다고 했어. 쿨쿨병을 고치는 약은 그런 상품이 아니래."

"뭐야? 엔젤 투자자한테도 쿨쿨병 얘기를 한 거야? 너희 정말 콘셉트에 진심이구나. 정말 못 말려~."

"엔젤 투자자? 그게 뭐야?"

비비 대장의 질문에 제나가 나서서 설명했다.

"가능성 있는 신생 기업을 찾아가서 부족한 자금을 지원해 주는 사람들이 있어. 그런 사람들이 바로 엔젤 투자자야."

지우리는 메아리 공책을 펼쳐 메모했다.

엔젤 투자자는 신생 기업에 투자해서 골드를 번다.

비비 대장은 곁눈으로 메아리 공책을 보더니, 몬섬 생각이 났는지 고개를 푹 숙였다. 지우리는 비비 대장의 속마음을 알아채고 결연한 얼굴로 다짐했다.

"보름달이 뜨기 전까지 반드시 쿨쿨병을 치료할 약을 완성할게. 나한텐 저게 있으니까……."

지우리가 냄비와 버너 세트를 가리켰다. 가만히 지켜보던 제나가 입을 열었다.

"그러면 아예 진지하게 시작해 볼까?"

"뭘 시작해?"

"우리가 도울 테니까 너희가 만들고 싶은 약을 본격적으로 개발해 보라고."

 인간들은 새로운 걸 만드는 데 진심 같아.

 왜?

 이미 제품은 차고 넘치는 것 같은데, 또 새로운 제품을 만드는 회사에 투자한다잖아.

 그런데 왜 직접 안 만들고 우리한테 만들라는 거지?

 그거야… 제품을 만들 아이디어나 기술이 없으니까?

 아이디어랑 기술은 개발하면 되는 거 아냐?

 그게 쉬운 줄 알아? 우리도 지우리가 없으면 쿨쿨병 약을 만들 생각도 못 했을 거잖아.

으흐흐~, 지우리 꼭 지켜야겠네~.

야야, 장난하지 마~!

어쨌든 지금은 쿨쿨병 약을 만드는 데 전념하자!

그래, 연구실 만들 골드부터 빨리 모아야지!

그럼 일자리를 찾으러 나가 볼까?

이제부터 진짜 시작이야. 우리 제대로 해 보자!

좋았어! 몬 원정대, 파이팅!

2장
넘어져도 다시 일어나는 몬 원정대

"하암~. 아직도 생각 중이야?"

그란발이 기다리기 지루했는지 긴 하품을 하며 물었다.

"뭐 그럴싸한 아이디어 없을까? 골드를 벌 방법 말이야."

골똘히 생각에 빠져 있던 제나와 하루가 광장을 둘러보았다. 골드시티의 광장은 시끌벅적했다. 모습이 제각기 다른 아바타들이 광장을 바삐 오갔고, 여러 종류의 가게들이 유혹하듯 불빛을 깜박이고 있었다.

"이렇게 가게가 많은데 우리가 골드 벌 방법 하나 없겠어? 뭐든……."

"어? 저건 뭐야?"

비비 대장이 손가락으로 가리킨 곳에는 보드를 탄 아바타들이 건물 사이를 날아다니고 있었다.

"보드? 대장은 저거 없이도 날 수 있잖아."

그란발이 웬 유난이냐는 듯 말했다. 하지만 비비 대장의 눈은 보드가 아니라 그 아래 매달린 가방을 향해 있었다.

"아니, 그거 말고. 다들 비슷비슷한 걸 매달고 다니잖아. 보드랑 드론 아래를 봐."

"아~, 배달 아르바이트 말하는구나. 물건이나 음식을 다른 곳으로 보낼 때 이용하는 서비스야."

하루가 대수롭지 않다는 듯 설명했다.

"정말 비비에게 딱이네. G패스에서 배달 대행 버튼을 눌러 봐. 이 기능으로 배달을 부탁할 수도 있고, 배달 기사로 등록하면 직접 배달도 가능해. 참고로 배달 한 건당 3골드야."

"그래? 그럼 지금 바로 등록해야지."

제나의 도움은 확실히 효과가 있었다. 비비 대장이 배달 기사로 등록하자마자 G패스에서 알람이 울리기 시작했다.

"아기 기저귀를 배달해 달래. 엄청 급하다는데? 난 배달하러 가야겠어!"

비비 대장이 날갯짓을 하며 눈앞에서 빠르게 사라졌다.

"좋아! 우리도 얼른 할 수 있는 일을 찾아 보자."

깜토와 그란발이 두 눈을 반짝이며 결의를 다졌다.

하루와 제나도 눈을 크게 뜨고 이곳저곳을 함께 살폈다.

"얘들아, 우리 저기 잠시만 들르자!"

한참을 돌아다녀 지쳐 갈 때쯤, 깜토가 어딘가를 보며 밝은 목소리로 외쳤다. 깜토가 가리킨 곳은 옷 가게와 각종 장신구, 모자, 신발 가게 등이 줄지어 늘어선 패션 골목이었다.

"지금 저런 거 구경할 때가 아니야."

제나가 깜토를 말리려 했지만, 깜토는 이미 쇼윈도 앞에 서 있었다.

"아냐. 이 블라우스는 저 바지랑 매치하면 더 잘 어울릴걸? 여기에 저쪽에 있는 모자를 씌워도 예쁘겠다!"

깜토는 신이 나서 계속 떠들었다.

참다 못한 제나가 깜토의 손을 끌고 가려는데, 이들의 대화를 엿듣고 있던 가게 주인이 불쑥 말을 걸었다.

"어떻게 하라고요?"

 어느새 가게 밖에는 손님들이 우르르 몰려와 있었다. 그들은 깜토가 꾸며 놓은 마네킹의 차림새에 큰 관심을 보였다. 그 모습을 물끄러미 보던 가게 주인이 깜토의 손을 덥석 잡으며 말했다.

 "우리 가게에서 일하지 않을래요? 요즘 가게 매출이 떨어져서 고민이었는데, 당신이 도와주면 성공할 수 있을 것 같아요!"

 "잘됐다, 깜토! 얼른 하겠다고 해!"

 깜토도 거절할 이유가 없었다. 좋아하고 잘하는 일을 하며 골드도 벌 수 있다니!

비비 대장에 이어 깜토까지 일을 시작하자, 그란발의 얼굴은 급격히 어두워졌다.

"좋겠다……. 나도 쿨쿨병 약을 만드는 데 도움이 되고 싶은데. 다시 팜섬에 가서 딸기 농사나 지을까?"

"넌 내 옆에서 실험을 도와주면 되잖아."

지우리가 다정하게 대답해 주었지만, 한번 내려간 그란발의 어깨는 좀처럼 올라오지 않았다. 그걸 본 하루가 그란발의 어깨를 두드리며 말했다.

"그란발, 힘내! 우리 맛있는 거 먹고 기운 차리자. 내가 진짜 맛있는 간식 쏠게!"

잠시 뒤 하루는 그란발에게 딸기에 설탕물을 곱게 입힌 탕후루를 건네주었다. 딸기 한 알을 입에 넣은 그란발은…….

"우앗! 이거 진짜 맛있다! 그냥 딸기보다 백배는 더 맛있어!"

하루와 제나도 그란발의 아이디어에 적극 찬성했다.

"좋은 생각이야! 우리가 도와줄게. G-TV에 탕후루 만드는 방법이 많이 나오거든!"

"게다가 너희는 얼굴도 알려져 있으니까, 다른 아바타들보다 더 유리할 거야. 사람들은 유명인이 판매하는 제품을 좀 더 신뢰하는 편이라고."

몬들은 바로 탕후루 만들기에 뛰어들었다.

탕후루는 설탕물의 농도를 맞추는 작업이 중요했다. 지우리와 그란발은 약초 실험을 하듯 수차례 실패를 거듭하며 연구한 끝에 탕후루 만들기에 성공했다.

그런데 두 몬을 바라보는 하루와 제나의 표정이 썩 밝지 않았다. 제나가 몬들에게 G-TV에서 발견한 또 다른 영상을 보여 주었다.

"얘들아, 이것 좀 봐. 이 사업은 생각 좀 해 봐야겠는데?"

결국 그란발은 고민 끝에 다른 일을 찾아 보기로 결정했다.

야심 차게 내놓은 아이디어를 포기하게 되자, 그란발의 어깨가 처음보다 더 아래로 추욱 처졌다.

"그란발, 다른 방법이 있을 거야. 기운 내······."

지우리가 그란발의 넓은 어깨를 토닥이며 위로했다.

그때 저 멀리에서 깜토가 터덜터덜 걸어왔다.

"깜토, 이제 일 끝났어? 힘들었지?"

제나의 질문에 이번에는 깜토마저 눈물을 글썽였다.

"아니, 나 옷 가게 일 그만뒀어. 무슨 일이 있었냐면······."

"깜토 힘내. 이거 먹으면 기분이 좀 나아질 거야."

그란발이 깜토에게 탕후루를 내밀며 위로했다.

골드시티에 처음 도착한 날부터 안 사실이지만, 골드를 버는 일은 만만치 않았다. 이제 됐다, 싶을 땐 늘 새로운 문제가 생기곤 했다. 달콤하고 상큼하고 바삭하기까지 한 탕후루를 와작 깨물어도 몬들의 기분은 쉽게 나아지지 않았다.

"비비 대장은 잘하고 있으려나……."

그때 마침 비비 대장이 활기차게 날갯짓을 하며 몬들 앞에 내려앉았다.

"모두 여기서 뭐 해? 이건 뭐야? 맛있어 보이는데~."

비비 대장은 그란발과 지우리가 만들어 놓은 탕후루 하나를 입에 넣더니, 금세 얼굴이 환해졌다.

"우아, 이거 진짜 맛있다! 많이 만들어서 팔면 어때?"

비비 대장의 감탄에 몬들은 축 처진 신음을 내뱉었다.

비비 대장은 지우리와 함께 실험 장비 가게에 다녀오겠다고 했다. 하루와 제나도 내일 다시 오겠다며 골드시티를 떠났다.

덩그러니 남게 된 깜토와 그란발은 골드시티 광장을 둘러보았다.

어느덧 해가 뉘엿뉘엿 저물고 있었다. 진한 노을이 드리우자 골드시티는 낮보다 더 반짝이고 화려하게 보였다.

"아, 골드시티는 이렇게나 넓은데 우리가 할 수 있는 일은 하나도 없네……."

깜토가 푸념하는 사이, 그란발은 트럭에서 무거운 짐을 힘겹게 내리는 아바타를 보고 벌떡 일어났다.

그란발은 아바타가 안전하게 짐을 내릴 수 있게 도와주었다. 짐이 꽤 많지만 힘센 그란발에겐 식은 죽 먹기였다.

"고맙습니다! 편의점에서 일해 보니 힘이 센 사람이 제일 부러워요. 저는 영 약해서 이 일과 안 맞거든요."

편의점 알바생은 고맙다며 음료수를 건넸다. 그러고는 시원하게 목을 축이는 그란발과 깜토에게 조심스레 물었다.

"혹시 이 편의점에서 아르바이트하실 생각 있으세요? 제가 곧 그만둘 예정이라, 새 직원을 찾고 있어서요."

"그럼 언제부터 일하면 될까요?"

"와, 정말 잘됐어요! 지금부터 바로 하시면 돼요. 일할 사람을 구하는 대로 그만두려 했거든요."

편의점 알바생은 입고 있던 조끼를 벗어 깜토에게 주었다. 곧 창고에서 커다란 조끼를 꺼내어 그란발에게도 건넸다.

이렇게 해서 깜토와 그란발은 골드시티 편의점, GC24의 야간 알바생이 되었다.

그란발이 트럭에서 내린 각종 음료수와 과자, 생활용품을 가리키며 말했다.

"물건들을 보기 좋게 정리하는 것도 알바생의 일이랬지?"

"그란발, 그건 나에게 맡겨!"

깜토는 누구보다 단정하고 깔끔하게 정리할 자신이 있었다. 청소도 깨끗하게 했다.

그러는 동안 그란발은 계산대에서 손님들이 구매한 물건을 계산했다.

바쁠 때에는 시간이 빠르게 지나갔다. 그러나 새벽이 되어 편의점에 오는 손님이 뜸해지자, 시간이 무척 더디게 흘러갔다.

'이걸 먹으면 힘이 솟고, 잠도 달아나게 해 준다는 거잖아?'

잠이 깰 수 있다면 무엇이든 해야 했다.

그란발은 홀린 듯 손을 뻗어 냉장고에서 에너지 음료를 꺼내 계산을 마친 뒤, 벌컥벌컥 들이켰다.

밤이 지나고 아침이 되었다. 편의점은 출근길에 들른 사람들로 다시 북적이기 시작했다.

밤새 잠들지 않으려고 에너지 음료를 열 캔이나 마셔 버린 그란발은 도무지 일을 할 수 없는 상태였다. 손이 바들바들 떨려서 계산도 제대로 하지 못했다.

때마침 교대하러 온 오전 알바생이 그란발을 보며 그럴 줄 알았다는 듯 고개를 내저었다.

"그란발, 너 괜찮은 거야?"

"이상해……. 자고 있는 건지 깨어 있는 건지 모르겠어……."

그란발은 몽롱한 정신으로 편의점을 나섰다. 어느새 편의점 밖은 환하게 밝아져 있었다. 이제 막 활동을 시작한 아바타들의 활기찬 목소리와 새들이 지저귀는 소리가 곳곳에서 들려왔다.

생기 가득한 주변 풍경과 달리, 그란발과 깜토는 눈도 제대로 뜨지 못한 채 호숫가로 터벅터벅 돌아갔다.

호숫가에 도착하자 비비 대장이 둘을 반겨 주었다. 지우리는 새로 산 실험 장비로 한창 연구 중이었다.

무사히 숙소로 돌아왔다는 안도감에 그란발은 그대로 풀 위에 엎어져 쿨쿨 잠에 빠져들었다.

"얘 왜 이래? 설마 쿨쿨병에 걸린 거야?"

깜짝 놀란 비비 대장과 지우리는 그란발에게 달려갔다. 그러자 옆에 있던 깜토가 울먹이며 외쳤다.

"비비 대장……, 골드 벌기 너무 어려워! 으앙~!"

게임1 사고력 게임

OX 퍼즐

골드 버느라 다들 고생이 이만저만이 아니야.
쉬는 동안 재미있는 퍼즐 게임 한 판 어때?
빈칸을 O와 X로 채우는 간단한 게임이야.
단, 가로, 세로, 대각선별로 O와 X가 각각 3개씩 들어가야 해.

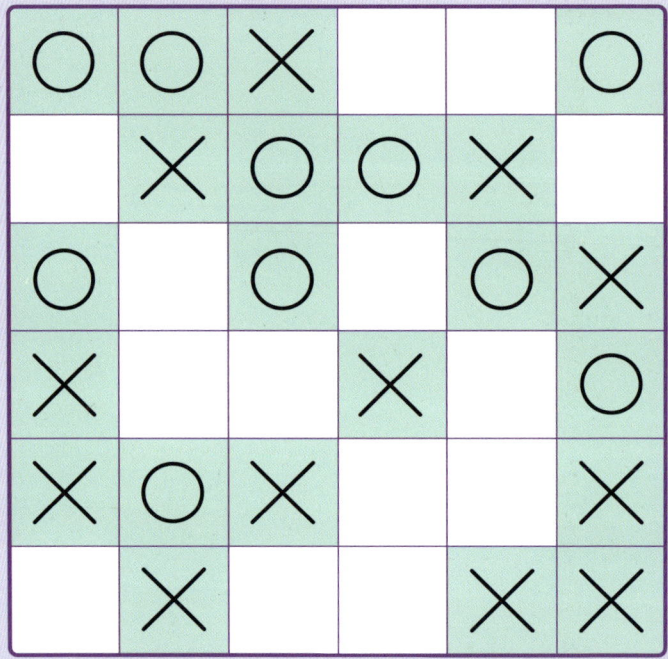

확실한 것부터 채우면 금방 풀 수 있을 거야!

* 정답은 152쪽에!

제온과의 특별한 만남

어느덧 다음 날 아침이 밝았다. 깜토가 부스스 눈을 떴을 때, 그란발은 여전히 누가 업고 가도 모를 정도로 깊은 잠에 빠져 있었다. 텐트 밖으로 나가 보니 실험에 흠뻑 빠져 있는 지우리가 보였다. 제나와 하루도 와 있었다. 무슨 일인지 하루는 정신 사납게 주변을 서성이고 있었다.

마침 심심했던 제나는 깜토가 나오자 반갑게 인사했다.

"깜토, 잘 잤어?"

"응, 왔어? 근데 하루는 뭐 하는 거야?"

제나가 어깨를 으쓱하며 심드렁하게 대답했다.

"몰라. 뭘 찾는 건지, 기다리는 건지."

제나가 하루에게 다가가 어깨를 툭툭 쳤다.

"깜토도 일어났어. 이제 다시 작전을 세워 보자."

"잠시만."

하루에게는 더 중요한 일이 있어 보였다.

"뭐 하는데? 왜 그래?"

"결과를 기다리고 있어……."

"무슨 결과?"

하루는 그제야 걸음을 멈추고 상기된 얼굴로 말했다.

"너 '유니콘'이라고 들어 봤지?"

유니콘이라는 말에 제나의 눈이 살짝 커졌다.

"알아! 직원이 필요한 회사와 일자리가 필요한 사람을 연결해 주는 플랫폼이잖아. 거기 창업자가 유명하지 않아?"

"맞아, 제온은 골드시티의 스타지. 엄청난 부자가 됐잖아."

옆에서 둘의 대화를 듣고 있던 깜토가 고개를 갸웃했다. 플랫폼이니 유니콘이니, 다 처음 들어 보는 암호 같은 말뿐이었으니까. 하지만 제온이 엄청나게 성공한 사람이라는 것만은 짐작할 수 있었다.

"제온이 가끔 깜짝 이벤트를 하는데, 이번 이벤트가 뭐냐면 말이야……."

하루가 제나와 깜토에게 화면을 보여 주었다.

"대박이다! 당첨만 되면 제온을 직접 만날 수 있는 거네? 하루, 너 이거 응모한 거야? 이거 기다리느라 그렇게 안절부절못했구나?"

제나가 흥분한 목소리로 묻자, 하루는 고개를 끄덕였다.

"근데 당첨되긴 어려울 거야. 나처럼 제온을 단 한 번만이라도 만나고 싶어 하는 사람이 얼마나 많겠어. 성공을 위한 비결 같은 걸 배울 수 있는 기회이기도 하니까."

제나는 이미 하루가 당첨되기라도 한 듯 신이 나서 말했다.

"근데 점심 메뉴는 뭘까? 나 따라가도 돼?"

제나가 하루 옆에 찰싹 달라붙으며 간절한 눈빛을 보냈다. 분위기를 눈치챈 깜토도 하루에게 매달렸다.

"나도! 나도 가도 되지?"

"당첨만 된다면……?"

하루는 대충 얼버무렸다.

깜토와 제나가 점심 메뉴를 추측하는 동안 어느덧 발표 시간이 코앞으로 다가왔다.

"자, 하루는 제온과의 점심 식사 이벤트에 당첨이 되었을까요? 두구두구두구~."

제나가 긴장감을 주려고 입으로 북소리를 냈다.

"다, 당첨이야……."

하루의 목소리가 바들바들 떨렸다.

"제온을 직접 만나다니! 무슨 말부터 하지? 입고 갈 옷부터 사야 하나?"

그때 제나와 깜토가 서로 눈을 마주치더니 슬며시 웃었다.

"하루야~, 우리도 데려간다고 약속한 거 잊지 않았지?"

그란발은 잠이 덜 깬 상태에서도 공짜 밥이라는 말에 반응하여 얼른 제나와 깜토 사이에 끼었다. 어수선한 분위기를 흘끔흘끔 곁눈질하던 지우리도 다가왔다. 마침 배달을 마치고 호숫가로 돌아온 비비 대장도 설명을 듣고는 관심을 보였다.

"성공한 창업자와의 점심 식사라니, 궁금하긴 하네. 우리도 골드를 많이 버는 게 목표니까."

어느새 모여든 친구들은 초롱초롱 기대하는 눈으로 하루를 바라보았다. 모두 제온과의 점심 식사에 가고 싶어 하는 눈치였다. 그란발은 엄청 맛있는 점심 식사를 기대하며, 깜토는 새로운 일자리를 연결해 줄 것을 기대하며…….

다행히 유니콘의 행사 담당자와 소통하던 하루가 고개를 끄덕이며 통화를 종료했다.

"같이 와도 된대."

제나와 몬들은 환호성을 질렀다.

"와~! 유니콘 최고!"

"하루 최고! 고마워~!"

　유니콘의 행사 담당자는 하루가 다섯 명의 친구들과 함께 나타나자 놀란 표정을 숨기지 못했다. 하지만 곧 능숙하게 테이블을 세팅하고 의자를 배치해, 하루와 친구들이 모두 제온과 식사를 할 수 있도록 준비해 주었다.

　잠시 뒤 제온이 모습을 드러냈다.

　"오, 이번엔 손님이 많네요? 하루 님이 누구시죠?"

　롤모델을 만난 하루는 평소의 침착한 모습은 온데간데없이 허둥지둥 일어나 제온을 맞았다. 제온이 편안한 미소를 지으며 하루에게 긴장하지 말라는 사인을 보냈다. 그러고는 하루의 친구들까지 하나씩 둘러보며 눈인사를 건넸다.

제온의 눈길이 지우리에게 멈추었다.

"우리 어디서 본 적 있나요?"

"그럴 리가요……."

지우리가 조심스레 발뺌했지만, 제온은 곧 지우리와 몬들의 정체를 알아챘다.

"아하, 기억났다! 얼마 전 돈스타의 비리를 파헤친 그 연구원! 이야~, 오늘 점심 식사는 재밌겠어요!"

인사를 나누는 동안 테이블 위에 음식이 차려졌다. 한눈에 봐도 그동안 골드시티에서 먹었던 것들과는 확연히 달랐다. 고급스러운 데다 무척 화려했다.

음식이 모두 나오자, 그란발이 황홀한 표정을 지으며 코를 벌름거렸다.

"우아~, 냄새가 너무 훌륭해요!"

배가 많이 고팠던 그란발이 제일 먼저 음식 맛을 보았다.

"음~, 맛있어!"

그란발의 감탄이 신호라도 되는 듯 나머지 친구들도 음식을 먹기 시작했다. 모두 만족스러운 표정이었다.

"그냥 소고기, 닭고기랑 맛이 똑같아요! 신기하네……."

제나의 말에 제온의 표정이 더 밝아졌다.

"정말이에요? 이야~, 역시 이 회사에 투자하길 잘했는걸요! 이건 아까 하루 님이 얘기한 대로, 식물성 재료로 고기 맛을 낸 요리예요."

"그냥 고기를 먹으면 되는 거 아닌가요? 왜 식물성 재료로 고기를 만드는 거예요?"

몬들은 인간 세상의 음식이 매우 다채롭고 맛있다는 것을 알고 있었다. 그런데 이번엔 일부러 다른 재료를 써서 고기 맛을 낸다고? 왜 그러는지 도무지 이해할 수 없었다.

지우리의 질문에 제온은 기다렸다는 듯 설명을 시작했다.

"좋은 질문이에요! 제가 유니콘을 창업할 때부터 가장 중요하게 생각한 게 있어요. 바로 소비자들이 무엇을 원하는지 파악하는 거죠."

"요즘 소비자는…… 고기 맛이 나는 식물을 좋아하나요?"

지우리는 여전히 이해가 되지 않아 연이어 질문했다.

"우리가 먹을 고기를 생산하는 과정에서 환경이 오염된다는 얘기를 들었어."

"그 때문에 육식을 버리고 채식만 하는 사람도 있는걸."

하루와 제나의 말에 제온이 설명을 더했다.

"맞아요. 고기를 안 먹으려고 노력하고, 그런 자신의 모습을 특별하게 생각하기도 하죠. 요즘 시대의 소비자들은 이런 문제에 관심이 많거든요. 그래서 제가 이 사업에 주목한 거랍니다!"

제온은 이 사업에 투자한 자신을 칭찬하기라도 하듯, 머리칼을 넘기며 멋진 자세를 취해 보였다.

흠흠! 제온이 헛기침을 하며 산만해진 주의를 집중시켰다.

"그리고 제가 또 중요하게 생각하는 게 있어요. 그건 바로, 우수한 인재를 확보하는 거죠. 저는 세상에 없는 훌륭한 것을 만들어 낼 가능성이 있는 사람에게 투자하고 싶습니다."

그러고는 지우리를 향해 적극적인 눈빛을 보내며 말했다.

"바로 지우리 씨 같은 분 말이에요."

농담인지 진담인지 헷갈리는 말투였지만, 제온은 어느 때보다 진심이었다. 제온은 자신이 투자할 만한 인재를 찾고 있었고, 오늘 점심 식사 자리에서 지우리를 알아본 순간부터 다음 투자 대상으로 이미 낙점한 상태였으니 말이다.

하루와 제나는 지우리가 제온 앞에서도 굴하지 않고 콘셉트를 지키는 줄 알았는지 고개를 절레절레 저었다.

하지만 제온은 지우리의 말을 진지하게 들은 모양이었다.

"음, '친구들'이라는 고객은 너무 한정적이에요. 잠을 깨우는 약이 현재 없는 것도 아니고……."

그때 그란발이 우렁찬 목소리로 제온의 말을 뚝 끊었다.

어쨌든 잠이 오지 않게 하는 약이 인간 세상에 있다니!

지우리는 공책에 그란발의 말과 제온의 충고까지 모두 꼼꼼히 받아 적었다.

"그란발이 먹었다는 그 음료를 연구해 봐야겠어. 친구들이 먹을 수 있도록 부작용이 없게 만들면 되잖아!"

순간 제온의 눈이 반짝 빛났다.

제온은 결정만큼이나 행동도 재빨랐다. 곧 유니콘 빌딩 안에 지우리만을 위한 연구실을 만들고, 연구에 필요한 각종 음료와 약초도 채워 주었다.

연구실이 꼴을 얼추 갖추자, 지우리는 비비 대장이 사 준 실험 장비도 잊지 않고 챙겨 왔다.

비비 대장은 완성된 연구실을 쭉 둘러보더니 안심이 되었는지 흐뭇한 미소를 지었다.

"그럼 난 다시 배달하러 가 볼게!"

"지우리 파이팅! 내일 또 만나~!"

비비 대장이 날갯짓을 하며 순식간에 사라졌고, 하루와 제나도 접속을 종료했다. 또 깜토와 그란발, 둘만 덩그러니 남게 되었다. 둘은 한참을 머뭇거리다가 제온에게 물었다.

"혹시…… 저희가 할 만한 일은 없을까요?"

"오! 잠시만요!"

제온은 선뜻 유니콘 홈페이지를 열어 일자리 게시판을 찾아보았다.

"아, 찾았다! 마침 우리 회사에 일자리가 있네요!"

지우리는 곧바로 연구를 시작했다. 그리고 그날부터 몇날 며칠이 지나도록 연구실 밖으로 한 발짝도 나오지 않았다. 몬들은 지우리가 걱정되기 시작했다.

연구실 소식이 궁금하기는 제온도 마찬가지였다. 제온은 본인이 투자한 일에 대해 누구보다 관심이 많은 편이니까.

"너무 궁금한데……. 잘되고 있을까……?"

깜토는 연구실 문을 조심조심 열고 지우리를 불렀다.

"지우리, 우리 왔어~. 같이 코코아 마시자!"

친구들의 목소리에 책상 위에 엎드려 잠시 쉬고 있던 지우리가 부스스 눈을 떴다.

때마침 연구실로 쏟아진 햇빛이 지우리의 얼굴에 강하게 꽂혔다.

몬들은 친구의 얼굴을 보고 동시에 비명을 질렀다.

"지우리! 너 눈이 왜 그래?!"

이기자 리포트 1
도전 정신으로 무장한 스타트업

몬들의 행보가 주목을 받으면서 이들의 능력을 알아본 투자자도 등장했어요. 이제 막 시작하는 기업에 투자하는 엔젤 투자자였죠. 이들은 왜 새로 시작하는 신생 기업에 투자하는 걸까요?

새로운 도전, 새로운 가능성!

사업을 시작한 지 얼마 안 된 작은 회사 중에서도 혁신적인 아이디어와 기술을 바탕으로 새로운 사업 모델을 만들고, 이를 통해 빠르게 성장하는 것을 목표로 하는 기업을 '스타트업'이라고 부릅니다. 1990년대 미국 실리콘 밸리에서 처음 시작된 용어로, 구글이나 애플, 아마존 등 굵직한 글로벌 IT 기업들도 모두 스타트업으로 시작했죠. 스타트업은 보통 조직이 작고 유연하기 때문에 결정과 실행력이 빠르고, 새로운 도전을 두려워하지 않는다는 특징이 있어요.

스타트업은 '벤처 기업'이라는 용어와 혼용되기도 하는데, 사실 둘은 거의 비슷한 말입니다. 사업을 막 새로 시작한 작은 기업을 과거에는 벤처 기업이라 불렀다가 요즘은 스타트업이라 부를 뿐이죠. 정부로부터 벤처 기업 인증을 받은 기업들만 따로 벤처 기업이라고 부르기도 해요.

스타트업은 기존 사업과 다른 길을 찾아요

일반적인 회사들은 돈을 버는 방식이 정해져 있습니다. 건설 회사는 건물을 짓고, 과일 가게는 과일을 팔아서 돈을 법니다. 호텔은 숙박비로, 입시 학원은 수강료로 돈을 벌죠. 대부분의 사업은 대체로 이미 남들이 해 오던 방식과 비슷하게 운영되기 때문에, 창업 분야를 정했다면 어떤 식으로 운영하고 돈을 벌지는 대강 정해져 있습니다. 이미 수요도 있고 소비자가 뭘 원하는지도 비교적 명확하죠.

이런 사업은 남들과 다르게 하면 오히려 문제가 생기기도 해요. 예를 들어, 과일 가게에서 책도 함께 팔면서, 책을 사는 고객에게 과일을 싸게 주는 전략을 쓴다고 하면 어떨까요? 이런 방식은 재미있긴 하지만 소비자들이 혼란스러워할 수도 있어요. 하지만 스타트업의 경우는 달라요.

스타트업은 과거에는 없었던 새로운 사업에 도전하는 경우가 많기 때문에, 운영 방식과 사업 모델 등을 직접 만들어야 해요. 예를 들어, 처음 전동 킥보드 대여 사업을 시작한 사람은 과연 소비자들이 이걸 원할지, 원한다면 얼마를 지불할지, 회사는 얼마를 받아야 운영이 가능할지 등을 하나하나 고민하며 결정해야 했을 거예요.

스타트업이 실제로 이익을 남기기까지는 시간이 꽤 걸리죠

스타트업은 과거에 아무도 시도하지 않았던 새로운 사업을 하는 경우가 많아서, 처음에는 돈을 벌지 못하고 오랜 기간 적자를 기록하기도 합니다. 전동 킥보드 대여 사업을 하기 위해서는 우선 전동 킥보드 수백 대를 한꺼번에 사들여야 하고, 사람들에게 알려야 하며, 무료 체험 이벤트를 해야 할 수도 있어요. 그러다 보면 처음에는 지출만 계속되는 기간이 생기죠. 돈을 벌려고 시작한 사업 때문에 오히려 큰돈을 잃게 되는 경우도 많아요.

요즘은 사람들이 익숙하게 사용하는 음식 배달 앱도 처음에는 음식점을 일일이 찾아다니면서 앱에 등록하라고 설득하고, 소비자들에게도 음식을 배달 주문할 때 앱을 사용하라며 계속 광고를 해야 했어요. 기존에 없던 사업이라 사람들의 인식을 바꾸는 데 비용과 노력을 많이 들여야 하는 거예요. 당연히 초기에는 적자가 많이 났죠. 그리고 소비자들로부터 인기를 얻기 시작해서 돈을 벌 수 있는 상황이 온다 싶었을 때는 경쟁 업체들이 생겨서, 서비스 가격을 낮추거나 마케팅에 돈을 더 써야 하는 일이 생기기도 했고요.

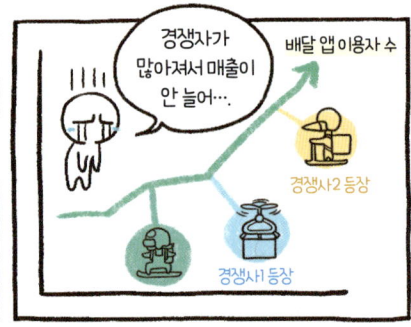

실제로 음식 배달 앱 시장에서 점유율이 가장 높은 '배달의 민족'이라는 서비스는 코로나19가 유행하던 2019~2020년에 수요가 늘어서 매년 두 배씩 매출이 증가했지만, 2019년에는 364억 원, 2020년에는 112억 원, 2021년에는 757억 원의 적자를 기록했어요. 쿠폰 발행이나 광고 등 마케팅 비용을 많이 쓴 거예요. 이런 식으로 기업이 확장되는 시기에는 이런저런 비용이 많이 들기 때문에, 매출이 바로 이익으로 이어지지 않고 적자가 계속되는 경우가 많답니다.

유망한 스타트업의 몸값은 급격하게 올라가요

그럼 투자자들은 왜 적자를 내고 버는 돈보다 쓰는 돈이 더 많은 스타트업에 돈을 투자할까요? 그건 스타트업의 독창적인 아이디어와 기술이 가진 가능성을 믿기 때문이에요. 게다가 투자가 마무리되고 경쟁자들도 정리되고 나면, 본격적으로 큰 수익이 날 거라고 예상하는 거죠. 그런 생각을 하는 사람이 많을수록 스타트업 투자는 활발해지고 스타트업의 몸값은 올라가요.

스타트업에 투자하는 시기는 금리와도 관련이 있어요. 보통 금리가 낮으면 스타트업에 투자하려는 투자자들이 많아지고, 금리가 높으면 스타트업 투자자가 줄어들어요. 금리가 높을 때는 은행에 예금해서 이자만 받아도 꽤 괜찮은 수익이 나오기 때문에 무리하게 스타트업에 투자를 할 이유가 적어지기 때문이에요.

스타트업과 함께하는 벤처 캐피털

스타트업에 투자하는 일을 전문적으로 하는 회사를 '벤처 캐피털'이라고 불러요. 벤처 기업에 투자하는 자본(캐피털)을 의미하죠. 벤처 캐피털도 외부의 일반 투자자들로부터 자금을 모아 그 돈으로 스타트업에 투자를 해요. '액셀러레이터'라는 것도 있는데, 이것 역시 벤처 캐피털의 일종이에요. 액셀러레이터는 스타트업의 성장을 촉진하는 프로그램을 운영하기도 한답니다.

실패한 실험의 결과는?

지우리는 얼른 거울을 가져와 얼굴을 살폈다. 며칠 내내 연구실에 틀어박혀 실험에만 집중한 탓에 피부가 한껏 푸석푸석했다. 그러나 그보다 더 놀라운 것은 눈이었다. 눈동자 색깔이 반짝이는 분홍색으로 바뀐 것이다!

"헉! 내 눈이 왜 이렇지?!"

지우리도 놀라긴 마찬가지였다. 지우리는 얼른 안경을 고쳐 쓴 뒤, 그동안 연구하며 기록해 둔 내용을 꼼꼼히 살폈다.

"아무리 봐도 어디가 틀렸는지 모르겠어. 잠이 오는 것도 못 막고, 눈동자 색만 바뀌다니……. 이건 완전히 실패작이잖아! 대체 지금까지 뭘 한 거지?"

노력한 것이 모두 수포로 돌아가자, 지우리는 실망한 기색을 감추지 못했다.

"잠깐만요. 지우리 씨의 눈 색깔이 정상으로 돌아왔어요."

제온의 말에 몬들이 일제히 고개를 돌려 지우리의 얼굴을 살폈다.

"정말이네? 다행이다~. 정말 큰일 난 줄 알았어."

깜토는 지우리가 만든 약이 일시적으로 눈동자 색을 바꿀 뿐이라는 걸 알아채고는 호기심에 눈을 반짝였다.

"나도 마셔 보고 싶어."

"앗! 깜토, 잠깐……."

그러고는 다른 몬들이 말릴 새도 없이 약을 꿀꺽 삼켰다.

깜토는 눈을 한 번 질끈 감았다 뜨며, 기대에 찬 목소리로 물었다.

아까와 또 다른 색으로 변한 깜토의 눈동자를 보고 비비 대장과 그란발, 제온은 신기해하며 호들갑을 떨었다. 반면 지우리는 더욱 절망하며 허탈한 얼굴이 되었다.

"이게 뭐야……. 심지어 바뀌는 눈동자 색이 제멋대로라니. 효과를 딱히 정할 수 없다면 이건 약으로서 가치가 없는 거잖아……."

지우리는 제온이 지금껏 전폭적으로 연구에 도움을 준 것을 떠올리니 마음이 무척 무거웠다. 완벽한 결과물을 기대했으니 실망도 컸을 것이다.

"제온, 미안하지만 시간이 좀 더 필요하겠어요. 방법을 바꾸어서 한 번 더 해 볼게요."

하지만 제온의 표정에는 전혀 실망한 기색이 없었다. 오히려 크게 기뻐하며 지우리의 손을 덥석 잡았다.

그러고는 지우리가 만든 약을 단숨에 마셨다. 곧 제온의 눈동자 색은 분홍색으로 바뀌었다. 제온은 자신의 눈동자 색이 바뀌는 걸 보며, 아까보다 더 확신에 찬 목소리로 지우리를 설득했다.

"흠, '잠 깨는 약'은 실패했을지 몰라도, '눈동자 색이 바뀌는 음료'는 성공한 거예요. 이걸 상품으로 만들어 봅시다. 분명 골드시티에 새로운 바람을 일으킬 거예요."

지우리의 표정이 복잡해졌다. 그러자 조용히 듣고 있던 비비 대장이 나섰다.

"제온을 믿어 보는 것도 좋을 것 같아. 이 일로 골드를 많이 벌면 다시 새 약을 만들 기회도 얻을 수 있을 테니까."

"그래, 제온같이 성공한 사업가가 하는 말인데, 믿을 만하지 않아?"

자신의 새로운 눈동자 색에 푹 빠진 깜토도 동의했다. 지우리는 친구들의 말을 곱씹어 생각하더니 고개를 끄덕였다.

"알겠어요. 상품으로 만들어 팔려면 많이 만들어야겠네요. 재료부터 준비해 둘게요."

"우리 해 본 적 있잖아! 반디M을 만들 때 말이야!"

그란발은 자신이 있었다. 깜토도 마찬가지였다.

"맞네, 맞아. 호숫가에 두고 온 들통을 가져와야겠어!"

또 다시 투자를 받아야 한다는 말에 몬들은 당황했다. 비비 대장이 먼저 나서서 제온에게 물었다.

"제온이 이미 지우리에게 투자를 했잖아요. 그런데 투자를 또 받아야 해요?"

"아, 눈동자 색이 변하는 음료를 판매하려면 공장을 세우고, 원료를 사서 제품을 만들고, 홍보도 해야 하잖아요."

잠시 정적이 흘렀다. 몬들이 이해하지 못하는 듯하자, 제온이 이어 설명했다.

"좋아요, 좀 더 쉽게 설명해 보죠. 지금 지우리 님에게 투자한 건 저 제온과 유니콘이라는 회사 한 곳이죠. 이 투자로 지우리 님이 유니콘에 연구실을 만들고 각종 연구를 할 수 있었어요."

여기까지는 이해했다는 듯 비비 대장이 말을 받았다.

"그럼 이제 우리가 음료를 만들어서 골드를 벌면 되는 거 아닌가요?"

"개인이 만드는 건 한계가 있죠. 공장을 세워서 제품을 많이 만들어야 골드를 많이 벌 수 있답니다. 아까 말한 대로 홍보도 제대로 해야 더 잘 팔리고요. 그러려면 지금보다 훨씬 더 많은 골드가 필요할 거예요. 그래서 여러 명의 투자를 받아서 필요한 자금을 마련하자는 겁니다."

"그러면 회사는 더 큰 자본으로 사업을 해서 돈을 벌고, 그걸 주주들에게 다시 나누어 준답니다. 이해되셨죠?"

제온이 자신의 설명에 매우 만족한 듯 몬들을 둘러보았다. 하지만 몬들은 아까보다 더 우울한 표정을 짓고 있었다.

"이미 시제품이 나왔고, 또 여러분의 활약상은 골드시티에 널리 알려져 있으니, 투자금을 모으는 건 어렵지 않을 겁니다."

"투자한 회사가 골드를 벌면, 주주도 골드를 번다는 거죠? 내가 주주라면 크게 성장할 것 같은 회사의 주식을 사겠어."

비비 대장의 말에 제온이 손가락을 튕겨 딱! 소리를 냈다.

"바로 그거예요! 우리도 투자를 받으려면 앞으로 만들 이 음료수가 얼마나 대단한지 알려야 해요. 새로운 회사를 설립한다는 걸 알리고 주주를 모집할게요. 저 믿으시죠?"

제온은 자신감이 넘쳐 보였다.

"아, 이 음료 이름을 '아이콘'이라고 하면 어때요? 저희 회사인 유니콘과 이름이 비슷해서 홍보하기에도 쉽고, 영어로 눈을 '아이(Eye)'라고 부르니까요."

제온의 아이디어는 꽤 그럴싸했다. 몬들이 찬성하자, 제온은 새로운 사업을 위해 본격적으로 움직이기 시작했다. 성공한 창업자 제온이 새로운 사업에 투자했다는 소식은 투자에 관심 있는 아바타들의 귀를 솔깃하게 했다.

투자자들의 궁금증을 해결해 주기 위해 제온은 아이콘 투자 설명회 자리를 마련했다. 조금이라도 관심이 있는 아바타들은 제온의 이야기를 듣기 위해 모여들었다.

 투자자들은 성공한 기업가 제온과 천재 과학자 지우리가 손을 잡았다는 것만으로도 투자할 가치가 있다며 환호했다. 아이콘의 주식 판매는 순조롭게 이루어졌다. 주주들은 이제 자신들이 투자한 회사가 성공적으로 운영되기를 바랐다.

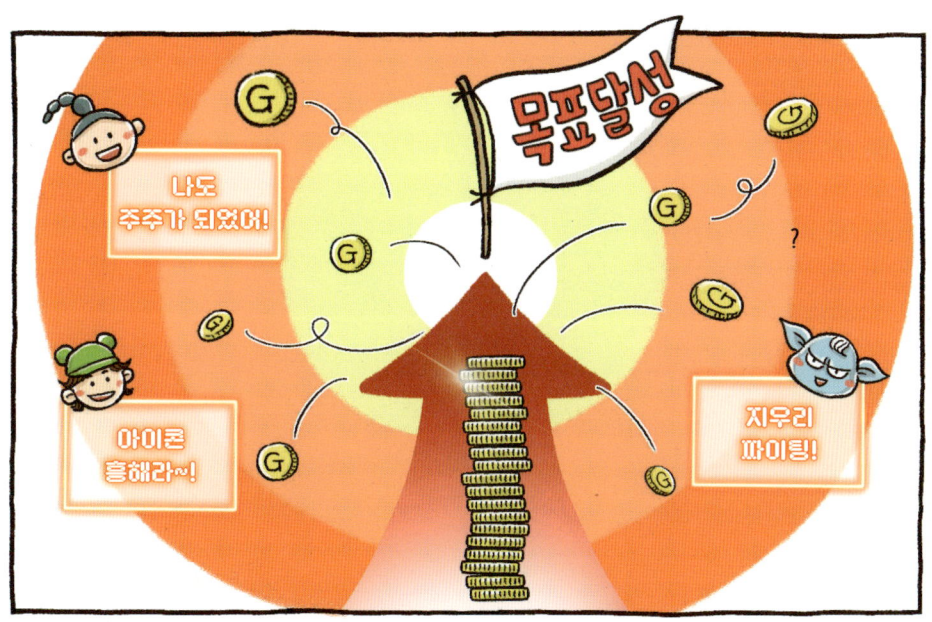

 주주들의 투자금으로 아이콘을 생산할 공장이 세워졌다. 지우리와 몬들은 직접 뭔가를 할 필요가 없었다. 그저 제품이 잘 만들어지고 있는지 확인하는 일만 할 뿐이었다.

아이콘 출시일을 앞두고 공장은 바쁘게 돌아갔다. 쉼 없이 돌아가는 공장을 보며 그란발이 감탄했다.

"공장이란 정말 굉장해. 지우리의 음료수 제조법대로 알아서 척척 만들어 주잖아!"

지우리가 음료수 하나를 들어 꼼꼼히 살피고 있었다. 그 모습을 보고 그란발이 물었다.

비비 대장은 빼곡히 쌓여 가는 완성품들을 보며 놀라워했다.

"이렇게 많은 양을 금방 만들어 내다니 정말 놀랍군."

"이것도 제품이 얼마나 팔릴지 알 수 없다면서 생산량을 줄인 거래. 더 만들 수도 있다더라."

"이게 다 팔리는 날이면 골드시티는 지금보다 알록달록해지겠지. 더 예뻐질 거야!"

깜토는 아이콘이 골드시티를 뒤바꾸어 놓을 거라고 기대했다. 다른 몬들도 깜토만큼은 아니지만 저마다 나름의 기대를 품고 있었다.

"생산은 순조로운 거죠?"

공장을 둘러보러 찾아온 제온이 물었다. 제온의 발걸음은 경쾌했다. 아이콘이 성공할 거라는 걸 조금도 의심하지 않는 분위기였다. 그의 이런 모습에 몬들도 힘을 얻었다.

"이제 세상에 내놓고 판매할 일이 남았군요. 홍보도 우리 다 같이 힘써 보자고요! 광고 모델도 세울까요?"

"모델이 뭐예요?"

"광고에 출연해서 제품이나 기업을 홍보해 주는 사람 말이에요. 모델이 유명할수록 판매 효과가 확실하답니다."

"저요! 변신한 내 눈동자를 사람들한테 보여 주고 싶어요!"

아이콘의 효과에 대해 가장 만족스러워했던 깜토는 제온에게 모델을 하고 싶다는 의지를 적극적으로 표현했다.

제온은 천재 과학자로 널리 알려진 지우리를 모델로 미리 점찍어 두었지만, 깜찍한 이미지의 깜토도 모델로 꽤 괜찮을 거라는 생각이 들었다.

"지적인 지우리와 통통 튀는 깜토의 조합도 제법 어울리네요. 그러면 두 분이 아이콘의 공동 모델이 되어 주세요."

아이콘의 홍보가 시작되었다. 골드시티에서는 눈을 돌리는 곳마다 아이콘의 광고를 볼 수 있었다. 몬들은 골드시티의 분수대 앞에 팝업 스토어를 열었다. 하루와 제나도 돕겠다며 두 팔 걷고 나섰다.

"얘들아, 도와줘서 고마워."

비비 대장은 하루와 제나에게 고마운 마음을 표현했다. 그러자 아이들이 천연덕스럽게 대답했다.

"아이콘이 성공하면 우리가 산 아이콘 주식의 가치도 오를 거잖아? 가만히 보고만 있을 수가 없더라니까."

잠시 뒤, 아바타들이 팝업 스토어로 벌떼처럼 몰려왔다. 그 중에는 유명 인사인 지우리를 만나기 위해 온 아바타들도 있었다. 그들은 지우리에게 함께 사진을 찍어 달라거나 사인을 요청했다. 처음 맞는 상황에 지우리는 어찌할 줄을 몰라 쭈뼛거리는 반면, 깜토는 달랐다.

깜토는 예상보다 더 큰 사랑을 받았다.

동시에 아이콘 자체를 궁금해하는 아바타들도 많이 찾아와, 팝업 스토어는 순식간에 방문객들로 가득 찼다.

아이콘을 처음 마셔 본 이들의 반응도 좋았다. 눈동자 색깔이 바뀌는 걸 직접 보고는 무척 신기해했다.

"눈 색깔 좀 봐! 너무 예쁘잖아?!"

"내 눈동자는 무슨 색이야?"

"지우리가 천연 재료로 만들었대. 몸에도 좋을 것 같아!"

비비 대장은 문전성시를 이루는 팝업 스토어 광경을 바라보며 걱정을 잠시 내려놓은 듯 말했다.

"방문객 수로 봐서는 성공인 것 같네요."

그러나 팝업 스토어를 살피는 제온의 표정은 밝지 않았다.

"이상해요. 구경하는 사람은 이렇게 많은데 판매율이 좋진 않아요. 이유가 뭘까요?"

제온의 걱정 가득한 말은 뜻밖이었다. 그때부터 몬들은 아바타들의 반응과 대화를 유심히 살펴보았다.

아이콘에 대한 호기심은 높았지만, 구매로는 잘 이어지지 않았다. 비비 대장과 제온은 힘이 쭉 빠졌다. 깜토와 그란발도 지칠 대로 지쳤다. 구경꾼들이 눈에 띄게 빠져나가자, 하루와 제나도 도통 힘이 나질 않았다.

어느덧 팝업 스토어 홍보 일정이 마무리되었다. 기대가 컸던 만큼 실망도 컸다. 회사로 돌아온 제온은 괜한 손톱만 잘근잘근 씹었다.

"이대로 멈출 수는 없어요. 많은 주주의 투자금이 들어간 사업이잖아요. 책임감을 가져야 한다고요. 어떻게든 이 상황을 뒤집을 방법을 찾아야만 해요."

그때 유니콘의 직원이 제온에게 새로운 보고를 하러 다가왔다.

"아이콘에 투자한 주주 한 분이 대표님을 만나고 싶어 하십니다. 아이콘의 저조한 반응을 해결할 새로운 아이디어가 있다고 하시네요. 그런데 말투가 좀……."

직원이 말끝을 흐렸지만, 제온은 머뭇거림이 없었다.

"개선 방안이라면 언제든 환영입니다. 당장 모셔 오세요!"

제온의 목소리가 한층 밝아졌다.

몬들도 왠지 모를 기대감에 부풀었다.

"안녕하시오, 콜로입니다."

콜로의 거침없는 지적에 늘 당당했던 제온도 얼어붙은 듯했다. 몬들도 저희들끼리 숙덕거렸다. 그만큼 콜로의 등장은 꽤나 인상적이었다.

"그 이유가 뭔지 압니까?"

콜로의 요란한 등장에 혼이 쏙 나가 있던 제온이 허리를 빳빳하게 세우며 답을 했다.

"크흠, 저희도 지금 그 이유를 분석 중입니다. 아직 소비자들이 제품의 장점을 명확히 느끼지 못하기 때문일 거예요."

"아니죠~! 골드시티는 이미 너무 화려합니다. 그래서 눈동자 색깔이 바뀌는 정도로는 아바타들을 만족시킬 수 없죠. 그래서 체험이 구매로 이어지지 않았던 겁니다."

몬들은 자기도 모르게 고개를 끄덕였다. 단조로운 실험실에서 색색의 눈동자를 보았을 때와 골드시티의 거리에서 색색의 눈동자를 보았을 때는 감동의 깊이가 달랐다.

"그래서 나는 떠올렸지. 아이콘의 등장을 반길 수밖에 없는 곳을. 나, 콜로는 누구보다 앞서가는 아바타. 다른 아바타들이 안 가 본 여러 서버를 여행하고 있습니다."

두 사람의 대화를 쭉 듣고 있던 그란발이 질문을 던졌다.

"다른 서버라뇨?"

"아직 다른 서버로 이동해 본 적이 없나요?"

"어? 팜섬에 갔다 오기는 했었는데……."

제온의 질문에 몬들은 적잖이 당황했다. 몬들을 골드시티 세계관의 입문자 정도로 생각한 제온이 설명을 덧붙였다.

"우리가 있는 이 서버에는 골드시티라는 세계가 있고, 또 다른 서버에는 새로운 세계가 있잖아요. 아마 처음 접속할 때 골드시티를 선택하셨을 텐데, 기억을 잘 되짚어 봐요."

"일단 떠날 채비를 할까요? 콜로가 말한 곳에서 우리 제품의 장점을 인정받고 새로운 고객을 확보하는 거예요. 자, 다 같이 가시죠!"

새 희망을 발견한 제온이 경쾌하게 말했다.

 골드시티 말고 또 다른 서버가 있다니 정말 놀라운데?

 가상 현실도 이렇게 복잡하고 다양한데 실제 인간 세상은 어떨까?

 훨씬 더 넓고 복잡하겠지?

 말해 뭐 해~. 그나마 가상 현실이니까 배 타고 무역도 해 보지. 현실에서는 초등학생한테 절대 불가능한 일이야.

 왜?

 일단 배를 타려면 돈이 들고! 어린이 혼자서는 절대 못 감!

 일단 여권부터 만들어야지. 아무튼 귀찮긴 해~.

그나저나 너희는 참 한결같다~. 당연할 걸 뭘 자꾸 물어봐?

그러게. 어디 무인도에 사는 거야?

아하하, 인터넷 되는 무인도? 거기도 재밌겠다.

정말 수상해~. 정체를 밝혀라, 몬족~!

아하하하하… 섬이 맞긴 한데….

무인도는 아니고….

친구들이 정말 많거든….

자자, 다들 이상한 소리 그만하고, 얼른 타스로 가자고~!

이기자 리포트 2
실패가 혁신으로 변하는 순간

사업을 시작할 때는 누구나 자신이 성공할 거라 생각하지만, 현실은 그리 호락호락하지 않아요. 사방에 문제가 깔려 있고, 시장은 계획한 대로 움직이지 않죠. 그래서 사업가는 항상 안테나를 세우고 시장의 반응을 면밀히 살펴야 한답니다.

스타트업의 미래는 예측하기 어려워요

사업을 할 때는 세 가지를 잘 생각해 봐야 한다는 이야기가 있어요. 첫째, 이 사업은 과연 시장이 있는가. 둘째, 내가 할 수 있는 일인가. 셋째, 과연 내가 남보다 더 빼어나게 잘할 수 있는 일인가. 이 세 가지 조건을 모두 만족시킬 수 있다면 그 사업은 성공할 가능성이 크다고 해요.

그런데 스타트업은 과거에 없던 사업을 처음 시도하는 경우가 많기 때문에, 일단 첫 번째 조건부터 막힐 가능성이 높아요. 게다가 아무도 해 본 적이 없는 일이니, 내가 잘할 수 있을지도 판단하기 어렵겠죠. 스타트업의 성공 여부는 이런 이유로 예측하기 아주 어려워요. 실패할 확률도 높고요.

스타트업은 전략을 바꿔 새로운 시장을 탄생시키기도 해요

만약 스타트업이 처음 목표한 사업을 실패한다면 그 회사는 문을 닫아야 할까요? 예를 하나 들어 볼게요. 3D 모니터를 만들던 '레드로버'는 경쟁 회사가 늘어나면서 경영이 악화되었어요. 경영진은 고민 끝에 모니터를 만들면서 갖게 된 3D 관련 기술로 애니메이션을 만들어 보기로 했죠. 그런데 그 영화가 기대 이상으로 큰 성공을 거둔 거예요. 이후 이 회사는 콘텐츠 회사로 탈바꿈했답니다.

인스타그램의 창업자도 처음에는 위치를 공유하는 체크인 서비스인 '버븐'으로 시작했어요. 아쉽게도 이 서비스는 큰 인기를 끌진 못했죠. 하지만 분석 결과 이용자들이 서비스의 여러 기능 중, 사진을 올리고 공유하는 기능을 좋아한다는 걸 알아냈어요. 이후 다른 복잡한 기능을 과감히 없애고 사진에만 집중한 덕분에 지금의 인스타그램이 탄생한 거예요. 이렇게 처음 시도했던 사업과 다른 방향으로 바꾸는 걸 '피보팅(Pivoting)'이라고 합니다.

피보팅은 원래 농구 용어예요. 한 발을 땅에 고정시킨 채 다른 발을 움직여 방향을 바꾸는 걸 말하죠. 농구 선수가 방향 전환을 하며 상대를 제치듯이, 기업은 민첩하게 사업의 전략을 바꾸어 이익이 큰 쪽으로 움직이는 거예요. 이러한 전략 수정은 기업이 성장하는 데 꼭 필요한 일이랍니다. 잠 깨는 약을 만드는 데는 실패했지만, 눈동자 색을 바꾸는 음료로 전략을 바꾼 몬 원정대의 상황과 비슷하죠. 과연 몬들의 새로운 사업은 성공할 수 있을까요?

회색 도시,
타스로 떠나다!

콜로가 제안한 곳은 골드시티와는 서버가 아예 달랐다. 다른 서버로 건너가려면 출입국에 신고를 하고 다른 이동 수단을 타야 했다. 마치 다른 나라로 갈 때 공항에 가서 비행기를 타는 것처럼 말이다.

몬들이 제온, 콜로와 함께 출입국에 등장하자, 여러 아바타들의 시선이 그리로 향했다.

하다못해 화장실에 갈 때도 다른 이들의 눈초리가 느껴져 영 불편했다.

출입국 한쪽 벽에는 커다란 지도가 걸려 있었다. 메타버스 플랫폼에 있는 다양한 서버들이 표시된 지도였다. 골드시티 서버뿐만 아니라 미르미돈, 타스, 루나, 프리윌리도 있었다.

"우리는 골드시티 서버를 벗어나 저기 보이는 타스로 갈 거요. 그곳에서는 분명 아이콘이 필요해. 내가 장담하죠."

제온과 몬들은 콜로가 가리키는 곳을 동시에 올려다보았다.

"타스……."

비비 대장은 낯설기만 한 이름을 소리 내어 말해 보았다. 설렘과 긴장감이 동시에 느껴졌다.

그때였다. 그란발의 G패스가 요란한 소리를 냈다.

"하루랑 제나야."

"어떻게 알고 연락을 했을까?"

"그러게. 아직 접속할 시간도 안 됐는데."

"좀 기다려 주죠. 다른 서버로 이동하면 골드시티로 접속하는 친구들과는 연락하기 힘들 거예요."

제온의 설명에 몬들은 서버를 옮기는 게 단순한 선택이 아니란 걸 실감했다.

얼마 지나지 않아 제나와 하루가 나타났다.

"우리가 여기 있는 건 어떻게 알았어?"

"모를 수가 없던걸? 너희 이제 진짜 골드시티의 스타야! 너희들 소식이 계속해서 G-TV에 올라왔어! 이것 봐!"

제나가 보여 준 화면에 조금 전 출입국의 화장실을 다녀오는 지우리와 깜토의 모습이 보였다.

하루가 제온에게 말했다.

"모두 함께 새로운 서버로 가는 거죠? 제나와 저도 함께 가게 해 주세요. 하루에 접속할 수 있는 시간이 정해져 있어서 중간에 나와야겠지만, 그래도 몬들과 함께 새로운 서버로 모험을 떠나고 싶어요!"

제나도 주먹을 불끈 쥔 채 고개를 끄덕이며 꼭 함께 가겠다는 의지를 내비쳤다.

"저도요! 제가 애보다는 조금 더 있을 수 있어요! 그리고 분명 저희 도움이 필요한 순간이 있을 거예요!"

제나의 말에 그란발과 깜토도 격하게 고개를 끄덕였다.

"그럼그럼. 우리도 완전 인정!"

제온은 지금까지 두 아이와 몬들의 관계를 쭉 지켜보았기에, 이를 허락할 수밖에 없었다.

"좋아요. 어서 수속을 마치고 타스로 이동해 봅시다."

콜로가 앞장서서 보안 검색대 앞에 섰다. 불빛이 콜로를 휘감으며 신원을 인식했고, 곧이어 눈앞에 커다란 선택 창이 떠올랐다.

콜로가 타스를 선택했다. 보안 검색대 앞을 가로막고 있던 게이트가 열리자 눈앞에 수평선이 아득한 넓은 바다가 펼쳐졌다. 잠시 뒤 우람한 덩치를 자랑하는 여객선이 바다 위를 미끄러지듯 지나 일행을 향해 다가왔다.

몬들은 서둘러 배에 올라탔다. 골드시티로 오기 전까지 거의 평생을 몬섬 안에서만 살아야 했던 몬들은 이렇게 큰 배를 타고 낯선 곳으로 모험을 떠난다는 사실 하나만으로도, 이미 새로운 세상에 닿은 것만큼이나 마음이 부풀어 올랐다.

배에 탑승하자 안내 방송이 흘러나왔다.
"이제 곧 타스 서버로 이동합니다."
배는 파도를 가르며 앞으로 나아갔다. 뺨과 머리칼을 스치는 바닷바람이 배가 얼마나 빠른지 알려 주고 있었다.

콜로가 몬들 곁으로 다가와 말했다.

"다른 서버는 처음 가 본다고 했나? 같은 서버 안에서는 포털을 통해 자유롭게 이동할 수 있지만, 다른 서버로 갈 때는 이렇게 특별한 수단을 이용해야 해. 열차나 비행기를 탈 수도 있지만 타스는 배를 타야만 갈 수 있어. 어때, 정말 기대되지?"

하지만 콜로의 질문에 답하는 이는 아무도 없었다. 출발한 지 얼마 되지 않아 배가 심하게 흔들리는 바람에, 몬들뿐만 아니라 제온과 하루, 제나마저 멀미가 나 맥을 못 추고 있었다.

배의 흔들림은 극심했지만 다행히 그 시간이 길지는 않았다. 잠시 뒤 콜로가 한 곳을 가리키며 말했다.

"이제 다 왔어요! 바로 저기가 타스랍니다."

콜로의 말에 몬들을 비롯한 타스 탐험대가 가까스로 눈을 뜨고 갑판 너머를 바라보았다.

눈앞에 나타난 타스는 회색 화산재가 섬 전체를 집어삼키기라도 한 듯 온통 잿빛이었다. 저곳에서 무엇을 한다는 것도 자체가 그다지 달갑게 느껴지지 않았다.

하지만 배가 섬에 닿자마자, 몬들은 누가 먼저랄 것도 없이 배에서 내려 타스를 향해 우르르 뛰어갔다. 바로 이렇게 외치면서…….

"어디가 됐든 일단 땅에 발을 디디고 싶어!"

몬들은 겨우 정신을 차리고 꼼꼼히 다시 살펴봤지만, 타스 어디에도 색이 존재하지 않았다. 마치 흑백 필터를 끼운 것처럼 온통 회색빛이었다.

콜로를 선두로 높은 건물이 솟은 도심을 향해 천천히 걸어갔다. 다들 삭막한 기운에 짓눌려 말 한마디 하지 않았다. 그저 발자국 소리만 들릴 뿐이었다.

도시 안으로 들어온 뒤에야 제온이 입을 열었다.

"콜로, 근데 여기 이상하게 낯이 익네요? 이곳에 처음 왔는데도 왠지 길을 다 아는 것 같아요."

그러자 콜로가 씩 웃어 보이며 수수께끼 같은 말을 했다.

"당연히 익숙하겠죠. 조금만 더 가면 왜 그런지 알 겁니다."

조금 더 걸어가자 드디어 광장이 나타났다.

모두들 뭔가에 홀린 표정이었다. 그 모습이 재밌는지 콜로가 허리까지 젖히며 크게 웃었다.

"아하하하! 놀랄 줄 알았지. 타스는 골드시티와 똑같은 게 맞아요. 골드시티에 접속자가 너무 많아져서 똑같은 서버를 하나 더 만들었는데, 이게 바로 그곳이거든요. 언젠가부터 알 수 없는 오류 때문에 색깔을 완전히 잃어버렸지만 말이죠."

"아, 들은 적 있어요. 희귀한 곳을 찾는 아바타들이 일부러 오는 곳이라고요."

하루가 기억을 되짚으며 말하자, 콜로가 맞장구쳤다.

"맞아. 꾸준히 이곳을 찾는 사람들이 있어. 그래서 이 서버를 셧다운 하려다가 그냥 두었다지. 가끔 오면 재밌어."

제온이 아바타들을 유심히 보더니 콜로에게 물었다.

제온을 비롯한 모두가 의심스러운 눈빛을 보냈지만, 콜로는 전혀 개의치 않았다.

"이제 아이콘 사업을 시작하러 가 볼까요?"

콜로가 모두를 이끌고 타스 광장의 분수대 옆 디저트 카페로 향했다. 콜로는 이곳에서 누군가를 만나야 한다고 했다.

"어쩜 음식들도 색깔이 영……. 이렇게 입맛 떨어지게 생긴 디저트는 처음 봐."

누군가의 등장에 콜로가 벌떡 일어나 맞이했다.

"어서 와, 모미!"

모미도 콜로에게 인사를 건넸다. 입으로는 반갑다면서도 표정은 전혀 그렇지 않았지만.

"여러분, 모미를 소개하죠. 타스는 골드시티처럼 풍요로운 곳이지만 동시에 삭막합니다. 이런 타스에서도 모미의 인기만큼은 아주 뜨겁죠. 모미가 입는 것, 먹는 것, 쓰는 것 모두 사람들이 주목하고 따라하거든!"

모미는 골드시티에서 온 이들에게는 낯선 존재였지만, 타스에서 가장 영향력 있는 아바타였다. 홍보가 얼마나 중요한지 이미 경험을 통해 배운 몬들은 모미가 무엇을 도와줄 수 있을지 벌써부터 기대가 됐다.

"콜로, 타스에는 무슨 일로 온 거야?"

모미가 묻자 콜로가 지우리에게 눈짓을 했다. 콜로의 신호를 알아챈 지우리가 얼른 아이콘을 꺼내 모미에게 내밀었다.

"모미, 이것 좀 마셔 봐."

"이게 뭔데?"

"내가 이번에 새로 투자한 회사의 제품. 너의 평가를 듣고 싶어."

모미가 아이콘을 받으며 시큰둥한 표정으로 말했다.

"그래? 나 입맛 까다로운 거 알지?"

모미는 아이콘 한 병을 단숨에 비웠다. 그리고 맛을 음미하려고 잠시 눈을 감았다 떴다. 그 순간…….

콜로는 작전이 통했다는 듯, 승리의 미소를 지으며 모미에게 거울을 내밀었다.

"어때? 이런 건 처음일걸?"

거울 속의 자신을 본 모미는 순간 얼어붙고 말았다. 타스는 그 누구도 색을 만들어 내지 못하는 세계라고 생각했는데, 지금 자신의 눈동자가 타스에서 가장 알록달록한 색으로 빛나고 있었으니까.

모미의 표정을 본 몬들은 잔뜩 긴장이 되었다. 조금 전 모미의 눈동자 색이 변할 때만 해도 모미가 무조건 흡족해할 거라 마음속으로 자신했는데, 지금 모미의 표정은 전혀 기뻐 보이지 않았기 때문이다.

카페 안에 잠시 정적이 흘렀다.

"모미? 뭐라고 말 좀······."

기다리다 못한 콜로가 모미를 쿡 찔렀다. 그러자 마치 버튼이라도 눌린 듯 모미가 소리를 빽 질렀다.

"내 눈동자 색깔 좀 봐! 이거 어떻게 한 거야?"

표정 없던 모미의 얼굴에 함박웃음이 걸렸다. 무채색 도시 타스에서 모미의 얼굴은 그 무엇보다 빛이 났다.

모미는 아이콘에 매우 만족하고 있었다. 조금 전 심드렁하게 콜로의 실패를 말할 때와는 표정이 정반대였다.

"내 투자 아직도 실패 같아?"

콜로가 그제야 긴장을 풀고 장난스레 물었다.

"무슨 소리야! 이건 정말 타스에 꼭 필요한 제품이야. 설마 아까 그 음료수 한 병으로 이런 효과가 만들어지는 거야? 나 한 병 더 마셔도 돼?"

"물론이지!"

두 번째 아이콘을 마시자, 모미의 눈동자는 노란색에 주황색까지 어우러져 아까보다 훨씬 더 다채로워졌다.

"좋아, 오늘 저녁 방송은 아이콘으로 해야겠어!"

모미의 시원시원한 결정에 몬들은 절로 환호성을 질렀다.

"우아~, 잘 부탁해요!"

"나야말로! 이런 획기적인 상품을 타스에서 내가 제일 먼저

소개할 수 있다니 영광인걸? 벌써부터 짜릿해!"

그렇게 해서 모미의 개인 채널을 통해 아이콘을 소개하기로 결정되었다. 타스의 동영상 플랫폼인 '타V'에서 가장 인기 있는 모미의 채널은 이미 생방송이 시작되기 전부터 접속자가 폭주하고 있었다.

몬 일행도 방송을 통해 실시간으로 모미가 아이콘을 마시는 모습을 지켜보았다. 혹시라도 효과가 나타나지 않을까 봐 모두들 무척 초조해했다.

"바뀌었어! 모미의 눈 색깔이 바뀌었다고!"

그란발의 말이 신호탄이라도 된 것 같았다. 모미가 변한 눈동자를 자세히 보여 주려고 카메라에 눈을 가까이 들이대자, 시청자들의 댓글 반응도 후끈 달아올랐다.

이후 아이콘은 타스에서 불티나게 팔려 나갔다. 덕분에 색깔을 잃었던 타스가 다시 반짝반짝해지고 있었다.

콜로가 싱글벙글인 제온에게 말했다.

"제온, 성공을 축하합니다. 진심이에요."

"다 콜로의 제안 덕분이에요. 고마워요. 이제 투자자들에게도 떳떳할 수 있겠어요."

골드시티의 화폐 단위가 '골드'라면 타스의 화폐 단위는 '타스'였다. 제온과 몬들은 타스에서 아이콘을 팔아 타스도 많이 벌어들였다.

"아이콘은 대성공입니다! 지우리 씨와 여러분이 있어서 가능했던 일이에요."

제온은 몬들에게도 감사 인사를 전했다.

"제온의 말이 곧 몬섬으로 돌아갈 수 있다는 말처럼 들려. 돌아갈 날이 얼마 남지 않은 것 같아."

비비 대장이 거의 다 차 가는 달을 보며 말했다.

이기자 리포트 3

새로운 수요를 위한 시장 개척

1권 속 몬과 인간의 물물교환, 기억나나요? 그런 게 나라 사이에서 이루어지면 무역이되죠. 무역을 하는 이유는 다양하지만, 기본적으로 수출을 통해 시장을 넓히고 수입을 통해 원하는 것을 사들이는 거랍니다.

시장 개척은 중요한 매출 전략이에요

똑같은 상품을 팔아도 누구는 성공하지만, 다른 사람은 실패할 수 있어요. 똑같은 아이스크림을 팔아도 더운 나라에서 파는 사람과 북극에서 파는 사람의 수입이 다를 거라는 사실은 누구나 짐작할 수 있잖아요. 그러니 만약 북극에서 엄청 맛있는 아이스크림을 개발했다면 빙과류 제품이 잘 팔릴 만한 곳에 진출하는 것이 필요합니다. 이런 걸 '시장 개척'이라고 해요.

우리나라에서 생산되는 상품들도 해외로 시장을 넓혀 성공을 거둔 사례가 많아요. 최근에는 멜론 맛 아이스크림이 해외에서 큰 반응을 얻었어요. 멜론 맛 아이스크림은 예전부터 인기가 많았지만, 국내에서 판매되는 아이스크림의 수는 어느 정도 한정되어 있잖아요? 그래서 회사는 해외로 시장을 넓히는 시도를 했어요. 결과는 대성공! 과일 맛이 나는 바 형태의 아이스크림이 흔치 않았던 북미와 남미에서 이 멜론 맛 아이스크림은 선풍적인 인기를 끌었답니다.

무역할 때 고려해야 하는 관세와 환율

해외에 뭔가를 팔 때는 국내에 팔 때와는 달리 몇 가지 생각해야 할 게 있어요. 대표적인 게 '관세'와 '환율'입니다. 관세는 국경을 넘어갈 때 내는 세금으로, 이를 통해 수입하는 물건의 가격을 시장 가격과 맞출 수 있어요. 예를 들어, 수입하는 아이스크림이 너무 저렴한 경우, 국내에서 생산되는 아이스크림이 상대적으로 비싸게 느껴져 판매가 줄어들 수 있어요. 그래서 수입 아이스크림에 적당한 관세를 부과하여 시장 질서에 맞는 가격으로 팔리도록 하는 거랍니다.

환율은 우리나라 돈과 상대 나라의 돈을 어떻게 교환하느냐를 정해 놓은 비율인데, 이 비율은 시시각각 변동해요. 오늘은 1달러당 1,300원이었지만 내일은 1달러당 1,400원이 될 수도 있죠. 이 때문에 내가 제품을 수출해서 1달러를 벌었다면, 달러를 우리나라 돈으로 바꾼 시기에 따라 1,300원을 벌 수도, 1,400원을 벌 수도 있는 거예요.

문화 차이를 아는 것도 중요해요

골드시티에서 실패했던 아이콘이 타스에서 성공한 이유는 무엇일까요? 바로 문화 차이 때문이에요. 화려한 골드시티에서는 알록달록한 눈동자가 그다지 흥미롭게 느껴지지 않지만, 흑백의 도시인 타스에서는 엄청난 화제를 일으킨 거죠.

비슷한 사례는 실제 시장에서도 찾을 수 있답니다. 미국의 월마트라는 대형 유통 회사는 일부 상품을 원가 이하로 팔아 고객을 끌어 모으는 '미끼 상품' 전략으로 유명해요. 하지만 품질과 서비스를 중시하는 독일인에게는 이 전략이 통하지 않았어요. 심지어 이런 방식은 독일에서 불법이었죠. 결국 독일과의 문화적 차이를 이해하지 못한 월마트는 독일 시장에서 실패하고 말았어요.

기업의 성과에 예민한 투자자들

골드시티의 아침은 회색빛 타스와 달리 알록달록한 건물들로 돋보였다. 몬들이 콜로, 제온, 그리고 하루, 제나와 함께 골드시티를 떠난 뒤에도 아바타들 사이에서는 이들에 대한 이야기가 오갔다.

타스로 간 제온과 몬들에 대한 잘못된 소문이 무성해지자, 아이콘 주식 투자자들이 동요했다. 투자한 회사가 성공할지 실패할지를 예상하여 주식을 팔지 말지 결정해야 하는데, 소문 속 아이콘의 앞날은 도무지 밝지 않았다. 아이콘에 관심 있는 사람들이 수군대는 소리에 주식이 올랐다가 떨어지길 반복했다.

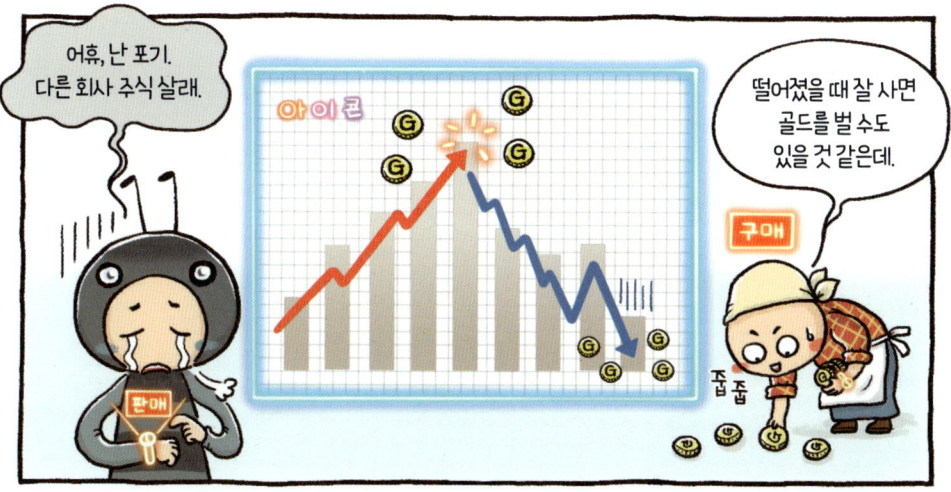

결국 아이콘 주식은 처음 주주들에게 팔았을 때보다 훨씬 싼 가격이 되어 버렸다. 기존 주주들이 희망 없는 주식이라며 내다 파는 동안, 제온을 믿고 주식을 더 사들이는 아바타들도 있었다.

"제온이 아이콘을 다시 일으킬 수도 있잖아?"

"지금 가격이 바닥인 것 같으니, 언젠가는 더 오르겠지."

제온과 몬들이 타스에서 아이콘 사업에 매진하는 동안 골드시티도 이전처럼 바쁘게 돌아갔다. 시간이 흐르자 골드시티를 들썩였던 아이콘에 대한 뉴스들도 어딘가로 흘러가 버린 것만 같았다. 제온과 지우리, 아이콘과 타스 같은 주제들은 차츰 잊혀 갔다. 골드시티에는 날마다 새로운 것, 어제보다 더 흥미롭고 재미있는 것이 무수히 생겨났으니까.

그사이 아이콘은 타스에서 눈에 띄게 성장 중이었다. 또다시 보름달이 떠올랐지만, 몬들은 보름달이 뜨는 시기에 맞추어 몬섬으로 돌아가겠다는 생각을 접은 지 오래였다.

골드시티의 밤거리가 휘황한 네온사인으로 빛난다면, 타스의 밤거리는 아이콘이 만들어 낸 다양한 눈 색깔로 화려해졌다. 밤이 되어 회색빛 도시가 완전히 암흑에 잠기면 아바타들의 눈빛이 반딧불이처럼 어둠을 밝혔다.

타스의 아바타들은 너도나도 알록달록한 눈동자를 하고 있었다. 처음 타스에 왔을 때 보았던 풍경과는 완전히 달라진 모습이었다.

이를 보며 성공을 만끽하던 콜로가 몬들에게 다가왔다.

"이제 여러 아바타들이 자발적으로 아이콘 관련 영상을 찍어 올리고 있다지? 덕분에 홍보 효과가 제대로 나타나고 있어!"

콜로가 말하길, 아이콘을 여러 병 마셔서 눈동자 색깔을 섞는 영상이 최근에 크게 주목받았다고 했다.

"이제 아바타들이 영상에 나오는 조합법을 따라 하려고 아이콘을 더 구매하게 될 거야. 당장 재고 파악부터 하는 게 좋을걸?"

콜로의 말이 맞았다. 아이콘 섞어 마시기 챌린지에 다시 한번 타스가 들썩였다. 색깔을 요리조리 섞어 더 희귀한 색깔을 만들수록 많은 관심을 받았다. 덕분에 타스에 있는 마트와 편의점에서는 아이콘을 꺼내 놓기가 무섭게 팔려 나갔다. 아이콘을 사기 위해 새벽부터 매장 앞에서 줄을 서는 일도 흔했다.

"아이콘이 이렇게 성공했으니 타스를 많이 벌어서 골드시티로 돌아갈 수 있겠지. 그러면 쿨쿨병을 낫게 할 치료제 연구도 계속할 수 있을 거야. 아직 시간이 조금 더 필요할 뿐……."

지우리가 말했다. 몬섬을 그리워하던 깜토도 지우리의 말에 동의하며 위안을 삼았다.

이때 광장을 거닐던 아바타들이 깜토를 향해 다가왔다.

"아이콘 광고 모델 맞죠? 모미의 영상에서도 봤어요."

"꺅! 귀여워!"

골드시티에서 이미 큰 인기를 경험했던 깜토는 당황하지 않고 활짝 웃으며 아바타들과 함께 사진을 찍었다.

한편 아이콘이 타스에서 크게 성공했다는 소식이 골드시티에까지 전해지는 데에는 시간이 좀 필요했다. 타스가 워낙 소외되고 관심을 받지 못했던 서버였기 때문이다.

타스의 소식을 전한 건 다시 거친 파도를 헤치며 골드시티 서버로 돌아온 하루와 제나였다. 두 사람은 골드시티로 돌아오자마자 아이콘의 주식 가격부터 확인했다. 큰 성공을 거두고 왔으니, 주식도 엄청 올랐을 거라고 기대하면서…….

기업이 성공하면 주식에 그 가치가 반영돼야 하는데, 아이콘은 전혀 그렇지 못했다. 하루는 고민 끝에 타스 서버가 잘 알려져 있지 않기 때문이라는 결론에 이르렀다.

"어떤 회사가 우주에서 다이아몬드를 왕창 발견했다고 해도, 사람들이 그 소식을 모르면 회사 주식이 바로 오르진 않겠지."

하루의 말이 제나는 선뜻 이해되지 않았다.

"무슨 소리야?"

"직접 보여 줘야 사람들이 믿을 거라고~."

하루는 '하루가 간다' 채널의 구독자들에게 소개할 영상을 만들기로 했다.

영상의 조회 수가 빠른 속도로 올라갔다. 덕분에 예상치 못한 일도 일어났다.

"하루야, 하루야! 그거 봤어? 바닥을 찍었던 아이콘 주식 가격이 다시 올라가기 시작했어!"

제나가 그래프를 보여 주며 호들갑을 떨 때까지만 해도 하루는 아직 마음을 놓을 수 없다며 차분하게 반응했다. 그런데 며칠 동안 아이콘의 주가가 가파르게 올라가자, 신중한 성격의 하루도 엉덩이가 들썩들썩했다.

"드디어 아이콘 주식을 처음 샀을 때의 가격을 넘어섰어!"
"이유가 뭘까? 갑자기 주식의 가격이 오른 이유가?"

하루가 궁금해하자 제나가 어이없다는 표정을 지었다.

"정말 몰라서 묻는 거야? 네가 찍은 영상이 퍼지면서 요즘 너도나도 타스에서 아이콘이 성공했다는 얘기만 하고 있잖아."

"정말? 이게 다 내 영상 때문이라고?!"

하루도 심상치 않은 영상 조회 수를 보며 내심 놀라고 있던 터였다. 하지만 영상의 파급력이 이 정도일 줄은 전혀 예상치 못했다.

"저것 봐. 네 영상이 저기서도 나오네."

제나가 가리킨 커다란 전광판에는 하루가 올린 타스 소개 영상이 뉴스와 함께 나오고 있었다.

"오~, 하루! 이번에 아주 제대로 활약했는데?"

제나가 하루의 어깨를 툭툭 치며 칭찬했다.

"이럴 거라고 예상하진 못했어. 주가가 오르락내리락하는 이유는 정말 예상할 수 없을 만큼 다양하구나."

"그러게. 어쨌든 아이콘의 주식 가치가 오르면 주주인 우리에겐 좋은 일이잖아. 잘했어, 친구!"

제나는 문득 몬들이 그리워졌다.

"그나저나 몬들은 잘 지내고 있겠지? 주가가 엄청 올랐다는 걸 알면 진짜 기뻐할 텐데."

"그러게. 몬들 만나면 내 영상 덕분이라고 생색 좀 내야지. 맛있는 거 쏘라고 해야겠다!"

"나 빼고 가면 안 된다~."

"어? 뭐라고……?"

둘의 목소리가 커다란 비트 소리에 묻혀 버렸다.

쿵쿵쿵 칫! 쿵쿵쿵 치칫!

광장에서 깜짝 공연이 시작된 것이다. 북과 기타, 탬버린 소리가 광장을 가득 채웠다. 커다란 음악 소리에 이끌려 몸을 흔드는 아바타도 있었고, 춤추는 이들을 향해 박수를 보내는 아바타도 있었다.

바로 그때였다!

이기자 리포트 4

기업의 자금을 담당하는 주식

주식은 그 회사에 투자를 한 사람들의 기록이라고도 할 수 있어요. 회사가 성공하면 투자자들도 같이 수익을 나눌 수 있죠. 회사는 투자금으로 회사를 성장시킬 수 있고요!

주식은 언제부터 시작되었을까요?

주식의 시작을 기원전 로마 시대부터라고 보는 이들도 있지만, 보통은 1602년에 시작된 '네덜란드 동인도 회사'가 처음 주식을 발행했다고 얘기해요. 당시 유럽의 강대국들은 인도와 중국 지역을 오가며 향신료와 차, 도자기 등을 사고팔며 큰돈을 벌었어요. 대신 여기에는 자본이 많이 필요했죠. 큰 배를 사고, 배에 탈 선원들을 고용하고, 수개월간 이들의 생활을 책임지려면 어마어마한 비용이 들었거든요. 네덜란드 동인도 회사는 자본을 마련하기 위해 사람들에게 투자금을 받고 증서를 발행한 뒤 나중에 수익금을 나누어 주었는데, 이것이 바로 주식의 시작이랍니다. 외국으로 떠난 배가 돌아오지 못하면 투자금을 날릴 수도 있지만, 항해가 성공하면 투자한 비용의 몇 배를 거둘 수 있으니 할 만한 투자였어요.

스타트업은 늘 투자가 필요해요

누구나 쉽게 기업을 만들고 사업을 시작할 수 있는 환경을 만드는 건 생각보다 중요한 일입니다. 기업이 많아져야 일자리가 많아지고, 일자리가 많아져야 일할 사람을 귀하게 여기는 문화도 생기거든요. 그래서 나라에서도 창업을 지원하고 스타트업에 투자가 잘될 수 있도록 여러 제도를 만드는 거죠.

이제 막 태어난 기업인 스타트업은 대부분 투자가 절실해요. 회사에 필요한 자금을 모두 은행에서 빌려 충당하기는 어려우니까요. 그래서 시장성 있는 아이디어로 멋진 사업 계획서를 만들어 투자자를 모집하죠. 그걸 보고 스타트업에 투자하는 투자자들은 그 대가로 스타트업이 발행한 주식을 갖게 돼요. 주식은 기업의 소유권을 여러 개로 나눈 조각 중 하나라고 생각하면 쉬워요. 나중에 이 스타트업이 돈을 많이 벌게 되거나 비싼 가격에 팔리면, 스타트업의 주인인 주주들도 지분에 따라 이익을 나누어 가질 수 있어요. 물론 실패한다면 투자한 돈이 모두 휴지 조각이 되기도 하죠.

투자를 받기 위해서는 기업 가치를 평가해야 하죠

기업이 투자자에게 지분을 나눠 준다는 건 기업에 대한 권리를 지분만큼 넘긴다는 뜻이에요. 이 때문에 스타트업은 투자 규모를 결정할 때 가능하면 지분을 적게 내주면서 투자는 많이 받는 거래를 하고 싶어 해요. 반대로 투자자들은 투자를 적게 하면서도 지분은 많이 받고 싶어 하죠.

예를 들어, 어떤 스타트업의 기업 가치를 100억 원이라고 가정하면, 이 스타트업에 5억 원을 투자하는 사람은 5%의 지분을 갖게 돼요. 그런데 만약 이 스타트업의 기업 가치를 500억 원이라고 가정하면, 5억 원을 투자하는 사람은 1%의 지분만 갖게 되는 거예요. 그러니 투자를 하려는 쪽은 기업 가치를 낮게 보려고 하고, 투자를 받는 기업은 기업 가치를 높게 부풀리려고 하겠죠?

기업의 가치라는 건 이렇게 줄다리기로 정해지는 게 아니에요. 하지만 저울에 달아 본다고 나오는 게 아니기 때문에, 결정하기 참 어려운 일이기도 해요. 기업 가치를 측정하는 방법은 여러 가지가 있는데, 가장 흔한 방식은 한 해 동안 벌어들인 이익을 기준으로 정하는 거예요.

기업 가치 평가는 어렵지만 아주 중요한 일이에요

그럼 3.3%의 은행 이자를 기준으로 계산했을 때, 1년에 10억 원을 벌어들이는 기업이 있다면 그 기업의 가치는 300억 원이라고 하면 맞을까요?

물론 그렇게 생각할 수도 있어요. 그런데 은행에 있는 돈 300억 원은 언제든지 찾을 수 있지만, 기업 가치가 300억 원인 회사에서 300억 원을 꺼내 쓰려면 그 기업을 통째로 팔아야 하잖아요. 그러려면 시간도 걸리고 잘 안 팔릴 수도 있어요. 그러니 이렇게 따졌을 때는 300억 원짜리 기업보다 은행에 있는 돈 300억 원이 더 좋은 것이죠.

그러나 기업이 매년 벌어들이는 이익은 일정치 않아요. 지금은 한 해에 10억 원을 벌지만 내년에는 20억 원, 내후년에는 30억 원을 벌 수도 있죠. 반대로 지금 한 해에 10억 원을 벌지만 시장이 점차 작아지는 산업이라서, 몇 년 후에는 그보다 조금 벌어들일 수도 있어요. 그러니 경우에 따라 기업 가치를 300억 원보다 낮거나 높게 잡아야 할 거예요.

기업 가치를 정확하게 계산하는 건 참 어려운 일입니다. 그러나 투자를 받는 사람이나 하는 사람 모두 지분에 따라 권리와 이윤이 크게 달라지기 때문에, 다양한 기준으로 잘 따져서 기업 가치를 평가해야 해요.

 **5권 미리보기**

골드시티에서는 사용할 수 없는 타스의 화폐!
골드로 바꾸었더니…… 애걔?

타스에서 아이콘이 대성공을 거둔 뒤, 제온과 몬 원정대는
수익을 나누어 받게 된다. 0이 열개나 붙어 있는 어마어마한
금액을 보고 입이 떡 벌어진 원정대!
"우린 이제 부자야!"
"쿨쿨병 약 만드는 비용은 걱정 없겠어!"

하지만 부푼 꿈을 안고 돌아온 골드시티에서
애써 번 타스 화폐는 푼돈이라는 충격적인 말을 듣는다.
결국 몬들은 은행 대출을 받게 되는데…….

그런데 이게 웬일? 밤사이, 골드시티 서버에 버그가 일어나
모두의 G-패스에 들어 있던 골드에 0이 두 개씩 더 붙는다.
얼떨결에 돈이 많아진 아바타들이
신이 나서 물건을 마구 사들인 결과,
"어제까지 1골드였던 핫도그가 100골드라고?"
덩달아 모든 상품의 가격이 오르고 마는데…….

"몬들, 서버 복구 때문에 하루 동안 로그인을 못 할 거래."
게임을 못 하게 되었다고 투덜대는 하루와 제나.
"어? 그럼 우리는 어떻게 되는 거지?"
버그에 이어 설상가상으로 닥친 새로운 위기!

'환율과 인플레이션' 이야기가 5권에서 펼쳐집니다!

다음 이야기도
기대해 줘!

60쪽 게임1 정답

132쪽 게임2 정답

④ 혁신의 꽃, 스타트업

기획·해설 이진우 글 최설희 그림 지문 채색 조윤정
펴낸이 김영곤 펴낸곳 (주)북이십일 아울북

1판 1쇄 발행 2024년 9월 23일
1판 2쇄 발행 2025년 6월 19일

기획개발 문영 김미희 이해인 정유나 오경은 디자인 박지영 교정교열 이종미
아동마케팅 장철용 황혜선 양슬기 명인수 손용우 이규림 최윤아 송혜수 이주은
영업 변유경 김영남 강경남 황성진 권채영 전연우 김도연 최유성
제작 이영민 권경민

출판등록 2000년 5월 6일 제406-2003-061호
주소 (10881) 경기도 파주시 회동길 201(문발동)
대표전화 031-955-2100 팩스 031-955-2177 홈페이지 www.book21.com

ISBN 979-11-7117-085-2
ISBN 979-11-7117-081-4 (세트)

이 책을 무단 복사·복제·전재하는 것은 저작권법에 저촉됩니다.

* 책값은 뒤표지에 있습니다.
* 잘못 만들어진 책은 구입하신 서점에서 교환해 드립니다.

- 제조자명: (주)북이십일
- 주소 및 전화번호: 경기도 파주시 회동길 201(문발동) 031-955-2100
- 제조연월: 2025년 6월 19일
- 제조국명: 대한민국
- 사용연령: 3세 이상 어린이 제품

너와 나, 우리들의 마음을 이해하게 도와줄 첫 번째 뇌과학 이야기
정재승의 인간 탐구 보고서 (1~17권)

❶ 인간은 외모에 집착한다
❷ 인간의 기억력은 형편없다
❸ 인간의 감정은 롤러코스터다
❹ 사춘기 땐 우리 모두 외계인
❺ 인간의 감각은 화려한 착각이다
❻ 성은 우리를 다르게 만든다
❼ 인간은 타고난 거짓말쟁이다
❽ 불안이 온갖 미신을 만든다
❾ 인간의 선택은 엉망진창이다
❿ 공감은 마음을 연결하는 통로
⓫ 인간을 울고 웃게 만드는 스트레스
⓬ 인간은 누구나 더없이 예술적이다
⓭ 인간은 모두 호기심 대마왕
⓮ 인간, 돈의 유혹에 퐁당 빠지다
⓯ 소용돌이치는 사춘기의 뇌
⓰ 사랑은 마음을 휘젓는 요술 지팡이
⓱ 음식, 인간의 마음을 요리하다

인류의 과거와 현재를 이어 줄 아우리들의 시간 여행!
정재승의 인류 탐험 보고서 (1~10권)

완간

❶ 위대한 모험의 시작
❷ 루시를 만나다
❸ 달려라, 호모 에렉투스!
❹ 화산섬의 호모 에렉투스
❺ 용감한 전사 네안데르탈인
❻ 지구 최고의 라이벌
❼ 수군수군 호모 사피엔스
❽ 대륙의 탐험가 호모 사피엔스
❾ 농사로 세상을 바꾼 호미닌
❿ 안녕, 아우레 탐사대!

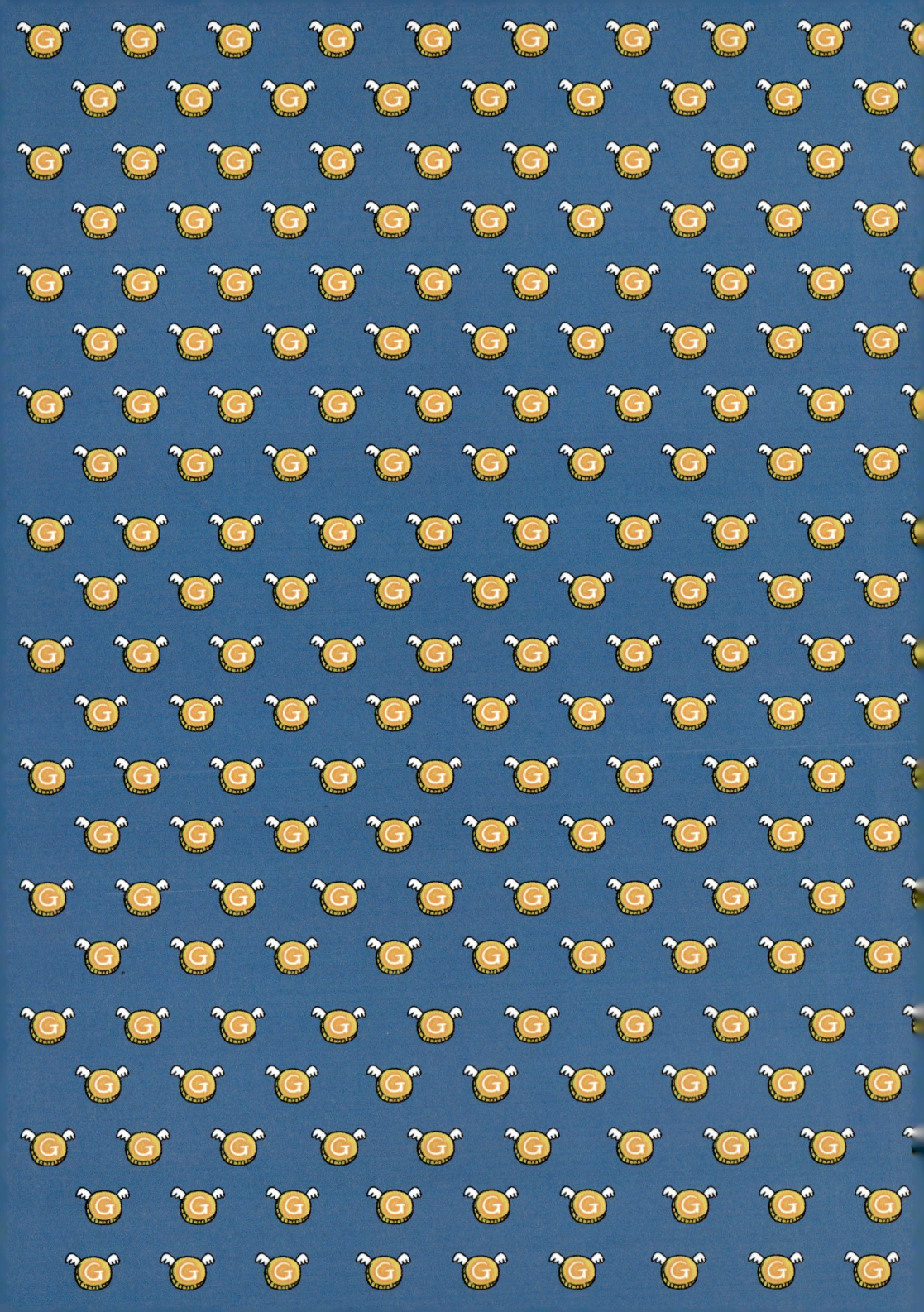